対米自立

一水会代表
木村三浩

花伝社

はじめに

●日本は米国の第51州か？

私は日米関係を語る際、よく「第51州」という言葉を使います。「日本は米国の第51州である」と。

なぜ私がそう断言するかというと、まず一つ目の理由として「日本は外交の自主的な判断ができないから」です。

外交問題に関して、日本政府が主体的に判断しようとしても、米国から何らかの横やりが入り、日本政府は自分で判断して決められない構造があるということです。横やりが入るというのは、直接的な制限や嫌がらせ、中止命令などの場合もあれば、忖度させるような空気の場合もあります。

二つ目の理由は、「日本の軍備は米国から買わされており、重要な兵器、主力戦闘機等を自国で製造していないから」です。

平成八（一九九六）年、東西冷戦終結後の日米安保体制の再定義を趣旨とする日米安保共同宣言が出されました。この宣言によって、日米安保体制は外交と軍事を強調し、従来の日米間と極東に加えて、アジア太平洋地域も視野に入れた内容になりました。

本来なら冷戦が終わったので、軍事の優先順位を下げる流れが自然ですが、逆に「アジア・太平洋地域には不安定性と不確実性が存在する」として、米国は北朝鮮と中国の危険性を煽るようになります。この結果、ミサイル防衛構想などが拡大して、日本は自国で兵器を製造することなく、税金を投入して米国の軍事産業を潤わせ続ける構造ができあがりました。

そして三つ目の理由は、「米国に対して日本は主権が制限されているから」です。米軍人・軍属は在日米軍基地経由であれば出入自由であり、これは在日米兵の犯罪の一因になっています。

たとえば、平成二一（二〇〇九）年、次のような事件がありました。横田基地と隣接する東京都武蔵村山市で、横田基地に所属する米兵の子どもたち四人がいたずらをしました。道路脇の電信柱に道路を遮る形でロープを張り、バイクに乗った女性を転倒させたのです。女性は頭蓋骨骨折の大ケガを負ってしまいます。

子どもたちは傷害容疑で事情聴取されましたが、警視庁は早い段階で容疑者がわかっていたにもかかわらず、捜査に踏み切るまでに時間をかけました。四人のうち三人は不起訴処分。一人だけが傷害と往来妨害の罪で略式起訴されましたが、軽微の罪で終わります。検察が殺人未遂で起訴しなかったのは、犯行の経緯から殺意を確認できなかったからだそうです。

最終的に子どもたちは、逃げるように米国に帰国しました。私は彼らの行動に疑問を感じ、米国大使館に赴き、「ケガをさせた子どもたちと親は、被害者家族に謝罪するべきだ」と強く要求しました。米大使館高官と直接談判して抗議し、結果的に一定の成果を得つつも、謝罪されたかどうかを確認することはできませんでした。

この事件に限らずほとんどの事件において、日本の警察と検察は、私には米国及び米軍人などをかなり気遣っているように感じられます。米国から圧力がかかるというよりも、日本が忖度しているように思えるのです。

米国に対して自民党政権は弱腰で、警察、司法までこのような状態では、占領下と何ら変わりません。だから私は「日本は米国の第51州だ」と言うのです。

●憲法より上位にある安保条約・地位協定

「日本は第51州である」と言っても、もちろん行政権が直接奪われているわけではありません。しかし、直接奪われるよりも悪質なやり方で、従属化されているのが現実です。

日本におけるルールは、最高法規である日本国憲法よりも、日米安保条約と日米地位協定のほうが上位にあります。この現実が何よりも第51州の証明です。しかし、多くの日本人はこの事実を知りません。知っているとしても、現状のままが得であるという認識に至っています。間接的な「ソフト支配」です。これが米国のやり方の悪質で怖いところです。

昭和三二（一九五七）年、米軍立川基地の拡張に対する反対運動を展開するなかで、基地に入った七名の日本人が刑事特別法違反に問われました（砂川事件）。

裁判では、日本国憲法と日米安保条約の関係が争点になり、第一審東京地裁は、日米安保条約は憲法第九条に違反し、さらに在日米軍を保護する刑特法は、憲法第三一条に反するとして、七名に無罪判決を下しました。

ところがこの判決に対して、駐日大使ダグラス・マッカーサー二世が当時の最高裁長官・田中耕太郎氏と秘密裏に直接会うなど実際に動き、直接的な圧力をかけてきたのです。その結果、最高裁判所は「条約のように高度な政治性をもつものは、統治行為であって、裁判所の違憲立法審査権にはなじまないので、内閣と国会の判断に委ねるべきである」として、東京地裁の判決を破棄します。

米国の圧力が判決をひっくり返したのです。まさに主権国家の仮面をかぶった非独立国家です。

●対米従属は自民党にとって成功体験

サンフランシスコ講和条約によって一応主権が回復されたと言われているのは昭和二七（一九五二）年ですが、砂川事件が起きた昭和三二年においても、米国は裁判の判決にまで口を出し、それを日本は聞き入れていたというわけです。

ひるがえって言えば、日本は主権回復後も、自ら進んで「米国と一体＝対米従属」となって戦後体制をつくってきたということがわかります。

昭和三〇（一九五五）年に結成された自由民主党は、この「米国と一体＝対米従属」で政権を守り、甘い汁を吸い続けてきたので、自民党の政治家は対米従属という構造を変えることはできません。米国にこびるという一点だけで勝ち続けてこられた。これが自民党の原動力だからです。

私から見ると、「自民党の対米従属は、現実から逃げる口実にすぎない」となるわけですが、自民党の政治家にしてみれば、「対米従属で国の安定を何十年も守ってきたのだ。だから対米従属は正しい。正しいから日本は豊かでいられるのだ」となるわけです。

しかし、戦後七〇年以上が経って、いろいろなところでいろいろな歪みが生じています。米国との一体構造はとうに限界を迎えていますが、対米従属で長期政権を築いてきた自民党は、成功体験の上にあぐらをかいて、歪みに目を向けようとしません。

たとえば、沖縄県における米兵の検挙は、復帰以降だけでも五〇〇〇件を超えています。米兵の犯罪をなくすために、本来であれば国が積極的に法整備などを行なっていくべきですが、逆に米兵に特権を与えて、日本に不利な状況をつくっているわけです。

この国の対応の根幹をなすものが、「米国と一体＝対米従属」による成功体験です。絶対に米国に反旗を翻すようなことはしない。なぜなら、自分たちは米国にこびることで勝ち続けてきたのだから、というわけです。

米国との関係のほうが、日本人の生存権よりも大切――これが自民党の正体であり、そういった政党に政権を委ねているのが日本国民です。

●対米自立し、真の独立国となるために

政府も司法も警察も米国を忖度し、在日米軍基地内、および空域は制限（第1章で詳述）されている――この現状は独立国として致命的です。とくに在日米軍基地の状況を知れば知るほど、「これでは占領下と変わらない。第51州ではないか」と強く思います。つまり、主権を喪失しているのです。

主権とは何か。さまざまな議論がありますが、本書では「他国の意思に左右されず、自らの意思で国民および領土を統治する権利。独立権と同じ。」（『大辞林　第三版』）と考えます。

この概念が国際法上で確立したのは、ヨーロッパ最大の宗教戦争である三十年戦争の講和条約として一六四八年に結ばれたウェストファリア条約とされています。この条約により神聖ローマ帝国が実質上解体され、中世封建国家に代わり主権国家体制が確立しました。

封建体制を経て、人類が苦難の末に築いた主権国家という概念は、今日の国際秩序の礎となるものですが、この国家の根幹をなす要件を実質的に欠いているのが今の日本です。しかし多くの国民は、この致命的かつ屈辱的な事態に疑いをもつどころか、気づいてすらいない。極め

て二〇世紀的な米国覇権の傘下に安住している現状に、満足してしまっているのです。

冷戦が終わってすでに久しく、新興国の台頭など世界情勢は大きく変化しています。わが国を取り巻く環境が大きく変化するなか、いつまで大戦後の世界秩序のなかで、矛盾に目をつぶってやりすごしているのでしょうか。

今の日本に必要なことは、真の独立です。真の独立というのは、単に日本が米国の傘下を離れるということではありません。独自の意志をもつ国家であることを世界に示すことです。日本が本当の意味で独立すれば、米国やロシア、中国、韓国、北朝鮮をはじめとする世界の国々の見方は、必ず変わります。

本書は、日本が真の独立を果たし、国際社会で尊重され、国民が誇りをもって生きていけるような国になるため、私が長年取り組んできた活動の集大成としてまとめたものです。

何より力点を置いたのは、戦後長きにわたって続いてきた対米従属の現状を指摘し、そこから脱して対米自立を実現するためにはどうすればいいのか、私のこれまでの活動に照らしながら、様々な角度から提起することです。私が本書で提起するさまざまな事柄はすべて、日本が主権をとり戻すためにどうすればいいのか、この大義のもとに訴えています。

まずは、現在のわが国の対米従属と不平等で歪《いびつ》な日米関係の現実を広く知っていただくために、米軍空域、オスプレイ、米国大使館の借地料、米国の戦争犯罪、米軍人への叙勲といった個別の問題について、報道などで得た情報のみならず、実際に私が見聞きし活動を通じて得た情報も交えて紹介します。

さらに、対米自立は安全保障面でも経済面でも必要であり、かつ十分に可能であることを、具体的な根拠とともに示します。その上で、今後ますます重要になるアジア諸国との関係構築を、歴史の克服も含めて提起し、同時に米国との対等な関係構築に向けても提言します。

そして本書では、私がいかにしてナショナリストとなり、対米自立を生涯のテーマとするに至ったかについても述べました。私が経験と学習の中で積み重ねてきた憲法観、天皇観についても明らかにしています。

現在、私が代表を務める愛国団体・一水会は、一般的には〝新右翼〟と認識されていると思います。本書では一水会の来歴と特徴についても述べていますので、皆さんがイメージされる既存の右派勢力とどのあたりが異なっているのか、先入観なしにとらえていただければ幸いです。

本書が、対米自立とこの国の未来について、一人ひとりの立場で考えるきっかけとなることを願ってやみません。

対米自立◆目次

第3章　日米地位協定という不平等条約　66

第4章　裁かれていないアメリカの戦争犯罪　100

第1章　横田から見えてくる日本の現実

1　横田基地から日本に入ったトランプ大統領

●異例の入国経路

平成二九（二〇一七）年一一月五日、トランプ米大統領は就任後初来日し、アジア五ヵ国歴訪をスタートさせました。七日まで日本に滞在しましたが、その間、安倍晋三首相とゴルフや日米首脳会談を行ない、また迎賓館赤坂離宮で、北朝鮮の拉致被害者の家族と面会もしました。来日時、トランプ大統領は、東京・横田基地に大統領専用機のエアフォース・ワンで乗り付けています。

なぜトランプ大統領は、歴代の米国大統領が着陸した成田空港や羽田空港から日本に入らず、直接、横田基地から入って来たのでしょう。

日本と米国の国家間で、何がしかの取り決めがあったのでしょうか。たとえば米国から、

「トランプ大統領が日本に行く際は、民間飛行場ではなく米空軍の横田基地から入ります」というような申し入れがあって、それを日本政府は受け入れたのか。もしくは、「いや、横田基地は軍事施設なのでまずい。成田空港から入国していただきたい」というような実務的なやり取りがきちんとあったのか。

米国の大統領は、米軍の最高司令官も兼ねているので、トランプ大統領が最高司令官として訪日する場合、日米地位協定によって横田基地から入国することを打診していれば、それは理解できます。ところが、今回は公式実務訪問賓客として来日したわけです。本来、羽田空港に降りなければなりません。これは主権国家である日本に入国するときの原則です。

ちなみに公式実務訪問賓客というのは、実務で来日する外国の元首や王族、行政府のトップなどを指します。日本政府が公式に招待して皇室の接遇にもあずかる賓客で、その招聘や応対は閣議の了解を経て決定されます。

このトランプ大統領の入国方法について、問題提起するマスコミはほとんどありませんでした。残念なことに私としても、どうして横田基地へ降りたのか正確な情報は得ておらず、外務省に問い合わせても、「外交上の問題なので申し上げられない」という答えしか出てきません。

到着した当日、トランプ大統領は大統領専用ヘリコプターで、埼玉県の霞ヶ関カンツリー倶楽部に移動して、安倍首相と松山英樹プロとゴルフを楽しみました。ゴルフ場に近いから横田基地を利用したなどという話があります。訪問時間の短い中で様々なことを調整しなくてはなりません。したがってそれはまったくの見当違いとは言えないかも知れません。

●トランプ大統領の思惑

トランプ大統領があえて横田基地から入国した理由について、私なりに考えてみました。

トランプ大統領は日本を皮切りに、韓国、中国、ベトナム、フィリピンの五ヵ国を訪問しました。「日本には米軍基地があって、日本も米国の同盟国という名の属国、第51州である」ということを強く印象づける意味から、ほかの四ヵ国を訪問したかったのではないでしょうか。加えて、ロシアと北朝鮮にも日本の米軍基地を誇示したかったのではないかと私は考えています。

一方で日本国民は、在日米軍基地のあり方に不感症になっているので、「いま、横田基地に降りました！」などとテレビのワイドショーが騒いでいるのをのんきに観て、「主権が否定されている」など想像だにしていません。「これでは日本は米国の第51州だと認めているようなものだ」と怒ることもなく。

在日米軍基地に直接降り立ったトランプ大統領。それに何の疑問ももたない日本国民——この状況が世界中に発信されたことを、私たちは重く受け止めなければなりません。

さらに今回、トランプ大統領はパスポートに検印を押したといわれています。米軍人・軍属が在日米軍基地に入るときは、パスポートに検印は押しません。軍人・軍属は、在日米軍基地なら出入自由だからです。つまり米軍基地は日本の中にありながら、米国国内扱いというわけです。

トランプ大統領が横田基地で検印したことが事実であれば、やはり米軍の最高司令官ではなく、公式実務訪問賓客としての来日で、その証拠になるわけです。トランプ大統領がパスポートを持っていたというのも何か不思議な気がしますが、私が入管に問い合わせた段階で、担当者はそのような回答をしました。

●日本は基地から出入自由

「米軍人・軍属は、在日米軍基地に出入自由」という規定を知らない日本人は、とても多いようです。

現在、東京入国管理局は横田基地に分室を置いています。常駐係官は基本的に三名で、二四時間体制で対応しているそうです。

米軍人・軍属以外、要するに通常は日米地位協定が適用されない米国人が、年間で延べ二千数百人も横田基地に入っていると言われています。これだけでも尋常とは思えませんが、米軍人・軍属にいたっては統計がありません。つまり、米軍人・軍属の誰が横田基地に入って出て行ったか、わからないということです。

たとえば、米国から横田基地に入って来た米軍人・軍属が、基地を出て日本の街で何か事件

	入国者			出国者		
	計	日本人	外国人	計	日本人	外国人
2012年	3,715	297	3,418（うち米国人3,282）	4,057	365	3,692（うち米国人3,495）
2013年	3,027	275	2,752（うち米国人2,659）	3,143	279	2,864（うち米国人2,763）
2014年	3,186	309	2,877（うち米国人2,775）	3,180	383	2,797（うち米国人2,707）
2015年	2,903	298	2,605（うち米国人2,487）	2,943	334	2,609（うち米国人2,500）
2016年	2,796	263	2,533（うち米国人2,395）	2,804	314	2,490（うち米国人2,368）

図表 1-1　横田基地の出入国者数（法務省インテリジェンス・センター公表分）

を起こしても、横田基地に逃げ込み、基地から米国に飛行機等で帰国してしまえば、日本の警察はこの容疑者にたどり着くことはできません。

これについて入国管理局に質問したことがあります。担当者の回答は、「日米地位協定によって、米軍人・軍属の出入国の管理は米軍関係者にお任せしているので」というものでした。では、「何らかの出入国の記録や文書が、米軍から提出されているのか？」と訊くと、「それもない」ということでした。これでは、まったくもって入国管理がされていないと同様です。一つの例ですが、主権国家とは思えません。

こういう話もあります。昔から八王子市で飲食店を営んでいる七〇歳近い知人がいます。彼は若い頃、横田基地の米兵と仲良くなって、ノービザで基地から軍用機で米国に連れて行ってもらったことがあるというのです。さすがに向こうでは基地の外に出ることはなかったものの、基地で何日間か遊んで、また横田基地に帰って来たそうです。「オレだけじゃないよ。結構、そういう経験をしたヤツ多いはずだよ」と彼は笑って教えてくれました。

いくらなんでも現在は、このようなことはないと思いますが、米軍人・軍属にとって日本の国境は、あってないようなものなのです。

主権国家の国民として、私は「在日米軍基地における出入国の管理は徹底すべきだ」と知人の野党国会議員を通じて働きかけています。戦後一貫して続いている不作為なので、強く訴えたとしても劇的に変わるとは思っていません。しかし、このようなことが存在している事実から目を逸らせてはならないし、現状を広く訴え、国民が政治を動かすぐらいの押し上げをしなければ変わりません。そのためには、言い続けなければならないのです。

政府としても、さすがに二〇二〇年東京五輪に向けて何かやらなくてはと思ったのでしょう。平成二七（二〇一五）年、法務省は民間人の出入国の管理強化を目的に「出入国管理インテリジェンス・センター」を入国管理局に開設しました。出入国管理の情報収集や分析の強化をはじめたわけです。

それにしても、観光立国推進基本法が施行されたのは平成一九（二〇〇七）年です。本当なら同法の施行と同時に出入国管理インテリジェンス・センターは開設すべきです。「あいかわらず行政対応が現状に即していないことが多々あるな」と呆れてしまいます。

2　米軍空域に支配される日本の空

●日本の空は、どこもかしこも米国のもの

わが国には、「横田空域」と呼ばれる空があります。飛行機は航空管制塔から離着陸の許可や航路、高度などの指示を受けて飛んでいるわけですが、横田空域とは、横田基地の米軍管制官が航空交通管制を担当している空のことです。日本領土の上空でありながら米軍の管制下にあるため、日本の飛行機は横田空域を迂回して飛んでいます。

横田空域は最高高度約七〇〇〇メートル、静岡県の伊豆半島から新潟県にいたる一都八県に跨がっています。横田基地がある福生市をはじめ、東京都の西部だけでなく、なんと世田谷区、中野区、杉並区の上空も米国が支配しているのです。

山口県岩国市の岩国基地にも岩国空域があります。山口県をはじめ、愛媛県、広島県、島根県の四県に跨がった空を米国が支配しています。

そして沖縄県には嘉手納空域があって、沖縄県と久米島の上空を米国が支配しています。那覇市の上空、半径五キロメートル、高度六〇〇メートルというわずかな空だけは平成二二（二〇一〇）年に返還されて、かろうじて日本の空となりました。ところが、米軍機優先の管理体制が戦後七〇年間も続いており、これらの地域の実態は何も変わっていません。

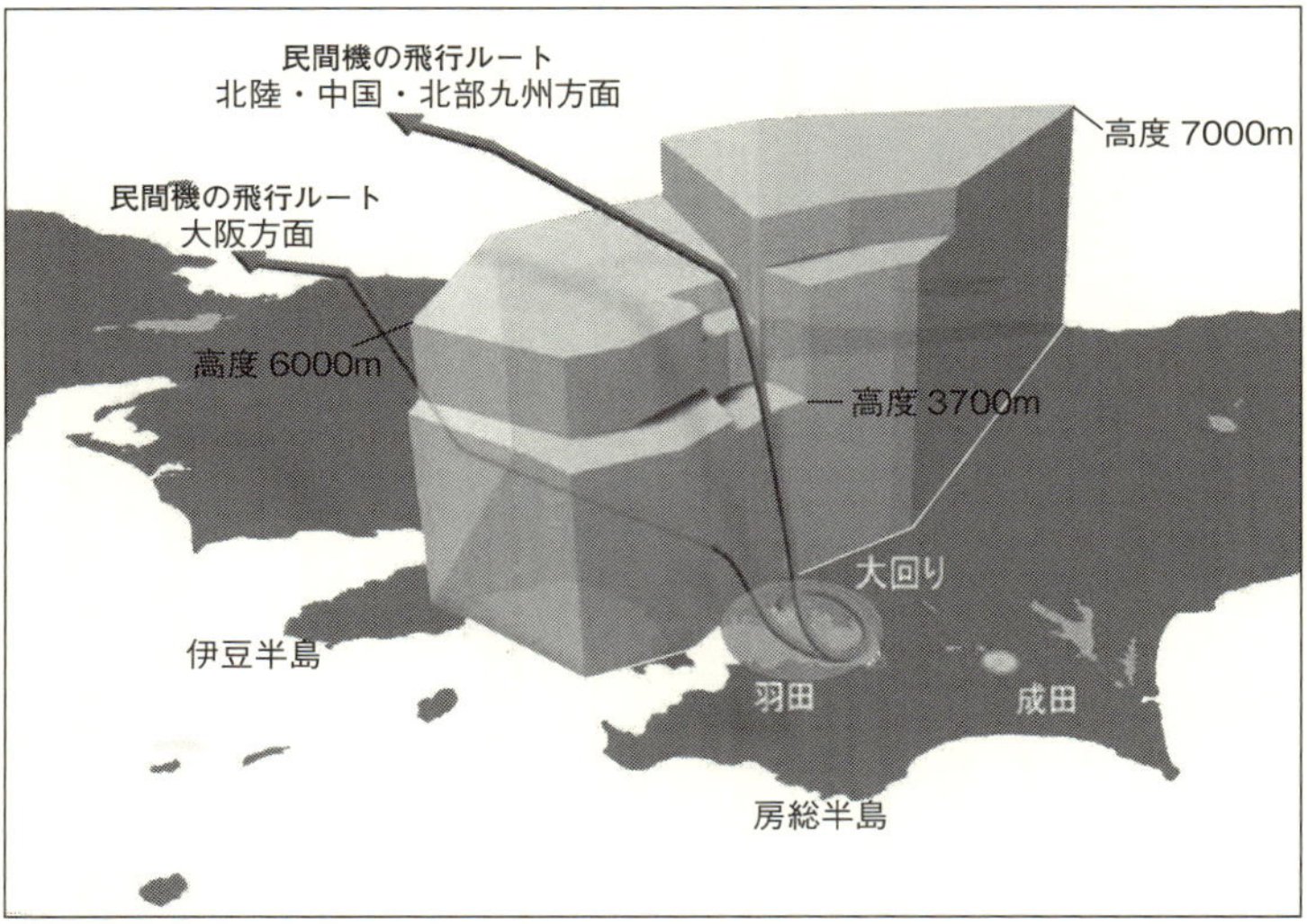

横田空域

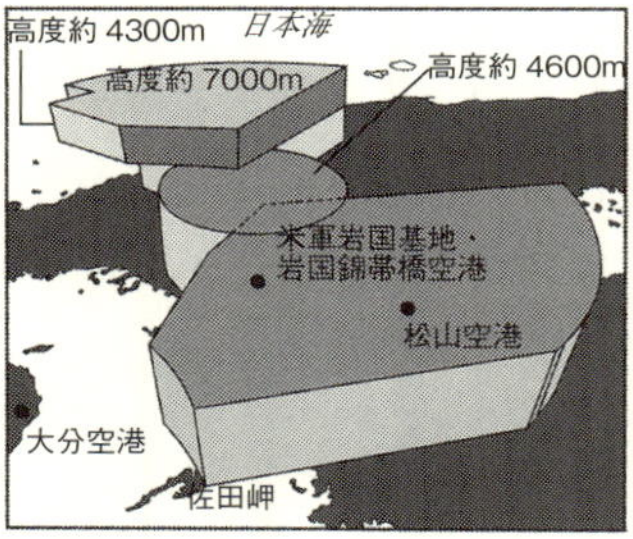

岩国空域

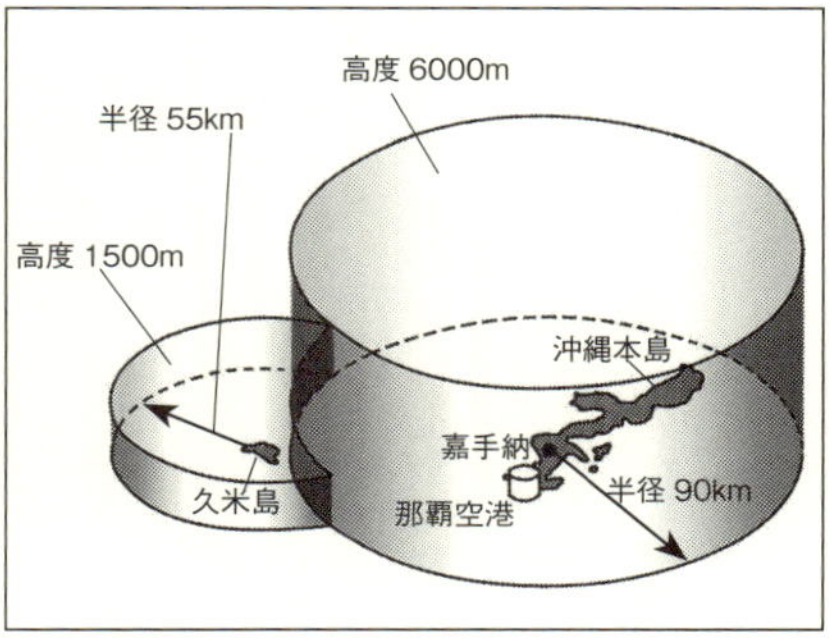

嘉手納空域

図表 1-2　米軍空域（横田空域、岩国空域、嘉手納空域）

時間短縮効果		約 7,200 時間
燃料削減効果		約 3,300 万リットル（注 1）
経済効果	コスト削減効果	約 52 億円
	（燃料費削減効果）	（約 28 億円）（注 2）
	（運航費用削減効果）	（約 24 億円）
	時間短縮による旅客便益増加効果	約 46 億円
	合計	約 98 億円
経済改善効果		約 81,000 トン CO_2（注 3）

注 1）年間国内線燃料総使用量（平成 18 年度）の約 0.74% に相当

注 2）米国エネルギー庁公表（シンガポールケロシンの市場価格）の 2008 年 1 ～ 5 月の間の平均価格 128.1 ドル／バレルに基づき計算

注 3）一般家庭における一世帯あたりの年間 CO_2 排出量の約 15,000 世帯分に相当

図表 1-3　横田空域の一部削減に伴う羽田空港出発経路の短縮による効果の試算について（国土交通省航空局、平成 20 年 7 月）

このような現実に対して、「日本は在日米軍に守られているのだから、米軍空域があってもしょうがない」という意見があります。しかし、私はそう思いません。

本当に守られているかどうかはいったん脇に置いて、経済的な面に目を向けてみましょう。

私たちが普段乗っている民間機は、横田空域を迂回して飛んでいます。遠回りのために生じる経済損失は、政府試算によると年間で一四〇億円と言われています。これは、「しょうがない」で済まされる額ではないはずです。ところがこの事実は、意図的に国民に知られないようにされているのか、あまり話題になることがなく、そもそも米軍空域の存在を知る人自体が少ないように思います。

ところで、石原慎太郎元東京都知事は在任中、横田空域の一部返還を実現しています。「横田基地の返還」を公約にしていた石原都知事は、日米両政府に働きかけて、平成二〇（二〇〇八）年に横田空域の一部を返還させま

した（鈴木俊一都知事時代の平成四年に約一〇パーセント、石原都知事時代の平成二〇年にさらに約二〇パーセントが返還）。

石原都知事のあとを受けた猪瀬直樹都知事も、東京五輪に向けて横田空域の返還を進めていこうとしていましたが、私も関係した徳洲会事件によって辞任、舛添要一都知事に代わり、実現できなくなってしまいます。

石原都知事の努力によって、日本は年間で約一〇〇億円の節約ができたと言われています。時間と経費の節減はもちろん重要ですが、「そもそも米国に空を制限される必要があるのか？」「迂回による事故などの危険はないのか？」という根本的な問題を考えなければなりません。

●横田基地の民間共用とオスプレイ

二〇二〇年に東京五輪が開催されます。東京開催は二度目になりますが、前回の昭和三九（一九六四）年大会では、戦後復興した日本を世界に示すという第一義的な目的がありました。今回は、日本の国家としての成熟や東日本大震災などからの復興を世界に見てもらうという意味合いがあります。東京五輪で日本を訪れる観光客は、約四〇〇〇万人が見込まれています。観光収入の面では大いに国益に資するでしょう。

ここ数年、海外から観光客が大勢訪れるようになっています。羽田空港と成田空港の一日あたり利用者数を見ても、平成二九（二〇一七）年では羽田が約二三万人、成田が約一一万人と、両空港はパンク寸前の状態にあります。このような事態を見越して、平成一七（二〇〇五）年、多摩地域商工会・商工会議所の二六団体が「横田基地軍民共用化推進協議会」を設立し、「民間機も横田基地を使えるようにしたらどうか」と提案しました。第三の飛行場ということで、横田基地にも民間の飛行機を発着させようという案が議論に挙がったわけです。

ところが、ここにきて民間共用の可能性は絶望的になりました。〝みさご〟の異名を取る軍用輸送機・オスプレイが、平成三〇（二〇一八）年一〇月、横田基地に正式配備されることになったからです。

オスプレイが配備されると訓練が活発になり、民間使用どころではないということで、議論は潰されてしまったり、忖度して沈静化してしまいました。

ちなみに、これまでにオスプレイは沖縄県の普天間基地に米海兵隊仕様のもの（ＭＶ22）が二四機配備されていますが、横田基地に配備されるオスプレイは空軍仕様の特殊作戦を担うもの（ＣＶ22）で、この機体が配備されるのは本土初です。

オスプレイの墜落率の高さは米国でも有名で、乗っている軍人が次々に死亡することから、〝未亡人製造機〟などと揶揄されています。統計方法によって「オスプレイの墜落率は低い」と主張する専門家もいますが、すでに沖縄県で何件も事故が起きているわけです。

ヘリコプターの垂直離着陸能力を持ちながら、飛行機のように水平飛行もできるというのがオスプレイの特長ですが、一方で回転翼軸の角度を変える操作が難しく、これが事故の一因になっています。

「事故が起きてからでは遅い。東京五輪の期間だけでもオスプレイの運用は停止し、横田基地を民間機が使用できるようにすべきでは？」と、私は政府関係者に質問しました。すると、「横田基地の民間使用ということで言えば、日本以前に米国をはじめとする海外の民間機を優先し、着陸してもらわなければならない」という答えが返ってきました。

この発想はとても理不尽なものですが、百歩譲って、たとえ外国の民間機を優先したとしても、その後すぐに日本の民間機も使用できるようにすることが、政治家の仕事ではないでしょうか。

●都庁に赴き建白書を提出

我々は、東京の空の支配について広く国民に喚起することはもちろん、フロント・レクチャリズム（直接談判主義）の原則から、小池百合子都知事に建白書を提出しました。「石原都知事は横田空域の一部を返還させました。小池都知事は何もしないのですか？　東京多摩地域商工会が提起した軍民共用化について、どのように考えているのか？　東京都民の生活の安全、生命を守ろうと本気で思っているのか？」と都庁に赴き抗議をしたわけです。

たとえば、平成三〇年四月、東京都羽村市の中学校のテニスコートに、米軍のパラシュートの一部が落下してきました。幸いケガ人は出ませんでしたが、米軍の輸送機の降下訓練の事故によるものです。防衛省は再発防止を申し入れたということですが、どのくらいのレベルの米軍人に申し入れたのか、対応能力への回答はどうか等、明確になっていません。現実的には落下の原因を調べるどころか、すぐに訓練が再開されてしまいました。都民の安全などは守られていないわけです。私は都庁の役人に対して、「こんな事故が起きたら、石原都知事なら防衛省に乗り込んでいるはず。それは都知事として当たり前のことで、抗議しないのはおかしいじゃないか」と訴えました。

東京都としては、自衛隊の北関東防衛局に真相がどうなっているのかと訊いて、大丈夫だという回答はもらったというわけです。通り一遍の回答に対して、「死亡者やケガ人が出たら、政府や東京都はどう責任を取るつもりなのか？　小池都知事の決意を聞かせてください」と、私は具体的に質問しました。「本気で都民を守るパワーを見せてもらいたい」と訴えたのです。

このような話し合いの場は、こちらからオファーを出して少しやり取りを重ね、数日後に席を設けて陳情というかたちになります。あらかじめ建白書を提出しているので、その内容の質疑応答からはじまり、その後「米軍機の事故原因がなぜわからないのか、具体的に説明していただきたい」「米大使館の誰と会って、どういう話をしているのか」と質問を重ねていきました。話し合いの時間は三〇分間と指定されていましたが、この日は、こちらの追及にしどろもどろになり、一時間弱の議論となりました。

我々は私を含む三人で臨み、都庁サイドからは小池都知事は出てこないものの、都市整備局基地対策の高原俊幸部長、同局都市航空政策担当の藤原新課長、同局基地対策部基地対策担当の櫻井純課長、同局基地対策部横田基地共用化推進担当の今関理恵課長、同局基地対策部統括（調整担当）の古川裕之課長代理ら五人が対応してくれました。

対応してくれた方々は、「それを上に伝えます」と答えて、回答文を送って来てくれています。そして徐々にですが、東京都側もホームページを更新したり、広報に力を入れ始めています。

このような抗議は通常だと門前払いになるのかもしれませんが、我々が知事や議員と懇意にしているということも都庁サイドは知っています。そういうこともあって、迂闊なことは言えないとしどろもどろになってしまうのでしょう。

東京都庁としても、事故に対して米軍に厳重に抗議したいし、横田基地も民間で使えるようになったらいいと考えていることはわかっています。「しかしハードルが高い」というのが彼らの本音です。

外交は国の専権事項で彼らが決定するものなので、都庁の立場もわからないでもないのですが、それで馴れ合いになってしまっていいはずがありません。「抗議すべきことは抗議しなければ」と考えて実行しています。

ちなみに、建白書の提出は以前にも行なっています。舛添要一都知事にも横田問題での建白書を提出し、丁寧な舛添都知事名の回答書を頂いています。

●渉外知事会という組織

渉外知事会（渉外関係主要都道府県知事連絡協議会）という組織があります。米軍基地などが置かれている北海道、青森県、茨城県、埼玉県、千葉県、東京都、神奈川県、山梨県、静岡県、京都府、広島県、山口県、福岡県、長崎県、沖縄県の知事で構成されている組織です。米軍基地の問題について連携しながら、国に定例要望や緊急の要望などを行なっています。

後で詳しく触れますが、平成三〇（二〇一八）年八月一四日、渉外知事会は、沖縄の翁長知事がずっと呼び掛けてきた二年間にわたる勉強会の成果として、日米地位協定の抜本的な見直しを日米両政府に提言しました。

渉外知事会のような組織は、もっと多くの国民に知ってもらうべきです。このような組織の存在を知るだけでも、在日米軍基地に対する意識が高まるはずです。渉外知事会に参加している知事と直接話をしたことがありますが、皆さん基地問題について高い問題意識をもっています。

ところが、問題を協議しいざ対策を実行となると、国や防衛省との関係もあり、いろいろな壁が立ちはだかります。渉外知事会ではみんなで話し合って、一五都道府県で歩調を合わせ、「このぐらいの要望なら国も動くだろう」と調整して政治的に進めているようです。一つの県だけが訴えても、国はとくに、沖縄県に対するように補助金をストップするなどの嫌がらせを露骨にします。逆に言えば、在日米軍基地の問題は一つの県が主体的に取り組むことを他県が支え合うというレベルに持っていかねばなりません。やっとですが、その動きが少し出てきました。やはり連携とバランス、そして何よりも水面下の準備が大切です。

●勇気ある江崎大臣の発言

平成二九（二〇一七）年八月八日、江崎鉄磨内閣府特命担当大臣（沖縄及び北方対策担当・消費者及び食品安全・海洋政策）・領土問題担当大臣は、大臣就任の記者会見で「日米地位協定をもう少し見直さないと」と発言し、その後、内閣の一員としては口を閉ざしました。「日米地位協定を見直したい」というのは江崎大臣の持論で、勇気をもって非常に正しいことを発言したと思います。ところが、マスコミは一斉に「何も知らないからあんな失言をした」「日米地位協定も知らない者が領土問題担当大臣になった」などと口汚く叩き、自民党内からは「内閣不一致になる発言」と叱責されました。私は以前、江崎大臣と話したことがありますが、大臣はきちんと理解されたうえで問題提起として発言されています。しかしマスコミの姿勢は全くひどいもので、人格攻撃を仕掛けて「何も知らない」と叩くわけです。

我々の機関紙『月刊レコンキスタ』では、この歪な状況を看過せず、「江崎大臣の主張は正しい」と擁護しました。実際にお会いし、「大臣の発言は正しい。地位協定改定の声を上げたことは勇気ある発言です」と話すと、「わかっています」とおっしゃってくださいました。我々は、江崎大臣のようにおかしなことは「おかしい」と言える閣僚が出てこないといけないということで、江崎大臣を擁護したのです。

このような正しい発言がどんどん出てくると、米国や防衛省が警戒し、ガードを固くしてしまうものです。ガードが固くなると、ほかの政治家が保身をはかって黙ってしまう。要するに、議論が進まなくなる要素が出てきます。だから、他の議員が日米関係などで思っていることを言える環境づくりをしていくことが必要ではないでしょうか。とくにこれは、マスコミの役割です。

また、ある大物議員は、「江崎大臣の発言は正しいが準備が必要だ」と言っていました。「水面下の準備」が大切だということです。政治ではこの準備がもっとも重要視されていますが、これも正しい意見です。とにかく、まず最初に問題提起した江崎大臣のような、正論は正論として述べる人物がいなければ、政治は先に進みません。日米地位協定の見直しについては、この間、自民党の総裁選でも石破氏が語り、国会では野党が語り始めました。この流れを後退させてはなりません。

とくに在日米軍基地のような大きな問題は、水面下の準備を十分にしたうえで、日本国民全体で盛り上げていかなければなりません。

3　指針なき日本の安全保障

●米国軍需産業のカモでいいのか

日本と同じように、ドイツとイタリアも第二次世界大戦で敗戦国になりましたが（イタリアは最終的には戦勝国）、ベルリンやローマの上空は制限を受けていません。日本を支配する米軍空域は、とても特殊な状況です。

実際問題、米国が各国と地位協定を結んでいるなかで、日米地位協定は「日本モデル」と呼ばれ、「支配はここまで可能だ」という基準になっています。

日本政府が在日米軍を手厚くもてなしている一方で、保守派と称する論客たちは、中国や北朝鮮からの危機を煽っています。その結果、「米軍基地は日本の安全保障に不可欠」という都市伝説ともトンデモ論ともいうべきでっちあげが、大手を振っているわけです。

たしかに在日米軍に、用心棒的な効果がないわけではありません。しかし、安全保障を語るのであれば、まずは、日本という国がどういう対外方針のもとに安全保障を考えているか、明確に打ち出すべきです。しかし残念ながら、明確な方針はまったく見えません。長年の安保体制の中で、自国の安全保障について思考停止状態にあるのです。

この状態は米国からすれば、日本は軍需産業のカモに見えているのではないでしょうか。

	日本 （日米地位協定）	ドイツ （NATO 地位協定）	イタリア （NATO 地位協定）
互恵性	なし	あり	あり
基地使用権	・米軍基地内では米軍が警察権を公使 ・基地外側で米軍の財産について捜索、差し押さえを行う権利を放棄	・米軍基地の使用には原則的にドイツの法律が適用 ・基地外側での訓練はドイツ当局の承認が必要	・米軍基地の管理権はイタリアにあり ・軍用機の発着数や時刻はイタリア軍司令官が責任をもつ

図表 1-4　日本・ドイツ・イタリアの地位協定比較

平成元（一九八九）年、地中海のマルタ島でソ連のミハイル・ゴルバチョフ最高指導者と米国のジョージ・H・W・ブッシュ大統領が会談を行ないました（マルタ会談）。この会談で冷戦が終結します。冷戦が終わって三〇年が経とうとしていますが、いまだに米国は軍需産業を縮小しようとしていません。むしろ軍需産業を生き残らせるために中国や北朝鮮の危機を煽り、「日本の安全保障上、武力は必要だ」というポーズを取り続けて、武器を売りつけるばかりです。

日本国民は米国が垂れ流す「有事の想定」に混乱させられ続け、平成三〇年度予算では、防衛費が五兆一九一一億円と過去最大になりました（米軍再編関連費用を含む）。前年度当初予算と比べて一・三パーセント増で、六年連続の増加です。

安全保障の明確な方針がないのだから、米国の思惑通りになってしまうのも道理でしょう。

前述のオスプレイは在日米軍が配備するだけでなく、自衛隊にも導入されます。平成二七年度予算案で、オスプレイ五機の購入費用として五一六億円が計上されました。

オスプレイは米軍が購入すると一機五〇～六〇億円ですが、日本が購入するときは一機約一〇三億円に跳ね上がります。米国のベル・ヘリコプター社とボーイング・バートル社（現ボーイング・ロータークラフト・システムズ）が共同で開発したオスプレイですが、日本が購入する場合、三井物産株式会社が仲介するので価格が異なるということです。

きわめて高額なオスプレイですが、その役割は、「戦争のロボット化」を進める輸送機と言えます。ドローンをはじめ、無人偵察機や無人爆撃機による戦争が実現すると言われていますが、すべてが無人兵器で完結するわけではありません。無人爆撃機で制圧した後、人間の兵士がその地域に送り込まれるわけですが、オスプレイはその輸送手段として使用されます。

●日本が進むべき道

横田基地と米軍空域から見えてくる主権国家としてあるまじき日本の現実、オスプレイの問題点、それらの背後にある日米地位協定について少し述べてきました。我々はこれまで、これらの問題について国や都に対し申し入れを行なったり質問状を送ったりして、地道な活動を積み重ねてきました。しかし残念ながら、多くの政治家にとって、米軍基地問題や日米地位協定の見直しはプライオリティの高い政治課題ではなく、この問題のおかしさに気付き何とかしようとする政治家がいても、圧力がかかってしまうという現実があります。

ただ、少しずつですが、皆が発言し変えていかなくてはならないという思いが広がってきています。

日本の安全保障について、私が究極的に目指すべきと考えるのは、戦争の違法化と軍縮の徹底です。近い将来、戦争を違法化して兵器を削減、軍縮の方向に舵を取るべきです。オスプレイが活躍するようなロボット化された戦争が行なわれていいはずがありませんし、そこに自衛隊が駆り出されるべきではないのです。

そのためにまずは、日本が米国兵器の購入をストップする覚悟が必要です。そして、兵器消却までは、国産装備で生産をまかなっていかなければなりません。

それには何より、日本は対米自立をする必要があります。

根本的に構造を変えたうえで、世界に向けて戦争違法化論を展開できるかどうか。世界の指導者たちは、ここまで兵器が発達した現代において、戦争をすることがバカバカしく間尺に合わない行為であることを十分に理解しています。国同士の戦争は違法化し、非対象で起こりうるテロへの対処を行う――これが現実的な軍事力の運用であり、私は今後の思想的な命題だと考えています。もちろん、テロが発生する根拠を確認し、経済的にも対処していくことは当然です。

これらがいかに難しいことであるか、わかっているつもりです。しかし難しいからといって、あきらめていては何も変わりません。

戦争を違法化するには、まず占領時から積み重ねられてきた多くの問題を、一つひとつ具体的に解決していく。すべてはここから始まります。

たとえば米軍空域です。日本の空を支配する横田空域・岩国空域・嘉手納空域の問題に向き合わなければなりません。「米軍の支配を受けてまで、この現状を追認するのか？」と、戦後初めて日本国民全員で真剣に考えていかなければなりません。

また、横田基地に配備されたオスプレイが、東京都内に墜落する可能性は十分に考えられます。米国が金儲けのために描いた安全保障では、「オスプレイは必要だ」という。こんな子どもだましの絵空事を、私たちはいつまで受け入れるのでしょうか。

平成二九（二〇一七）年八月、オーストラリア東部沖で在沖米軍のオスプレイが墜落する重大事故が発生しました。この事故を受けた小野寺五典防衛大臣（当時）は、「米軍に対して情報提供と原因究明、再発防止を求めた。さらにオスプレイの日本国内での飛行自粛を申し入れた」と述べました。

ところが在沖米軍は、原因や情報を提供することも沖縄県民への説明も一切ないまま、沖縄県内でオスプレイの訓練を始めたのです。

私はここに、日米の構造的な第51州の状況をはっきりと感じます。安倍政権としては、「はっきり飛行自粛を申し入れた。だけど米軍は言うことを聞いてくれない。私たちは悪くない」ということなのでしょう。

申し入れをすればそれで終わりではありません。少なくとも、主権国家としての矜持があるのなら、行政当事者として、「原因が明らかになるまで飛ぶな」という毅然とした態度を貫かなければなりません。かたちだけの「申し入れ」など、なめられるだけです。真剣に抗議をし続ければ、米軍の態度も変わるはずです。

こういった問題に対して、一つひとつ真剣に向き合う。今までのようなかたちだけの「申し入れ」は一切やめ、毅然とした態度で具体的要求を貫く。これを積み重ねることで、その先に日本の独立、そして世界平和の達成のための、戦争違法化が存在すると思うのです。

●三島由紀夫の警告むなしく

安倍晋三首相は、日本国憲法の第九条の一項と二項を維持したまま三項を追加し、「自衛隊の明文化・合法化」を主張しています。そして、「自衛隊を憲法違反と言わせないために加憲する」と言っていますが、私はこんな陳腐なレトリックには騙されません。根本が従米改憲であり、自衛隊の米軍下請け化に過ぎません。私はこの加憲論に反対です。

私は、三項を追加するのではなく、一項と二項の内容を変えて、自衛隊は堂々と国軍とすべきだと思っています。

自衛隊が海外派遣されている現在、すでに第九条は形骸化しています。私は、一項と二項の両方を改正すべきだとしており、自分では「第九条改変論」と呼んでいます。要するに、自国の安全保障を主体的に行なっていくうえで矛盾のない憲法にするという、とてもシンプルでわかりやすいものです。

もう少し説明すると、憲法の前文には「われらは、平和を維持し、専制と隷従、圧迫と偏狭を地上から永遠に除去しようと努めている国際社会において、名誉ある地位を占めたいと思う。われらは、全世界の国民が、ひとしく恐怖と欠乏から免かれ、平和のうちに生存する権利を有することを確認する」と書かれています。自国のみならず、国際社会における平和構築に貢献していく意思表示がなされているわけです。

たとえばＰＫＯは、この前文によって認められたと解釈するなら、「国際緊急援助隊」のような組織を創設することもできるはずです。

自衛隊を国軍にして自国防衛を担う。国際緊急援助隊は、自衛隊からつくるか、まったく新しく創設してもいいのですが、常設の組織とし、あくまで国連の指揮下で行動する。その後、世界情勢をにらみながら戦争の違法化や兵器の削減などに動く、というような段階を経るのです。

自衛隊を国軍にする場合、国際的な理解を得る必要があるなら、「国際待機部隊」を編成し、自衛隊の任務として国際連合の指揮のもと、国際貢献を担えばいいのではないでしょうか。

どちらにしても、安倍首相の案のように加憲によって自衛隊を定義すれば、米国の実質的な傭兵にされ、都合のいいように使われるだけです。安倍首相の対米従属で、自衛隊を米国の下請けにするわけにはいきません。安倍首相の都合で、自衛隊員が殺されるようなことがあってはならないのです。

ところで作家の三島由紀夫氏は、日本が米国の属国になったことを嘆きました。半世紀も前の話です。米国の要請で動くだけの魂の抜けた無機質な武器庫にしてはならないと、自衛隊の位置づけに警鐘を鳴らしたのです。

しかし三島由紀夫の警告もむなしく、冷戦終結以降、自衛隊を取り巻く環境は悪くなるばかりです。憲法第九条が加憲される前に、自衛隊の問題を全国民で真剣に考え、本質的な議論を展開しなければならないはずです。

「漢意」（からごころ）という言葉があります。江戸時代、中国の考え方に影響を受けて、日本人としての精神を失った者を批判した表現です。

現在は「漢意」ならぬ「米意」（あめごころ）でしょうか。米国に心酔した「米意」に、日本は好き勝手にされています。憲法も自衛隊も、米国の軍需産業に差し出すようなことだけは阻止しなければなりません。

第2章　〝属国〟日本と〝宗主国〟アメリカ

1　米国大使館の借地料問題

●米国大使館の大半は日本の国有地

米国大使館がどこにあるか、皆さんはご存じでしょうか。東京都心の港区赤坂一丁目。ホテルオークラにほど近く、首相官邸からも遠くない、一等地中の一等地と言っていいでしょう。その土地の持ち主は誰なのか。広さおよそ一万八〇〇〇平方メートルの敷地のうち、一万三〇〇〇平方メートルが日本の国有地です。米国大使館は大部分を日本政府から借地しているわけです。

実は平成一〇（一九九八）年から平成一九（二〇〇七）年の一〇年間、米国はその土地の借地料を払っていませんでした。理由は、日本が提示した段階的な借地料の値上げに抗議し、合意に至らなかったからです。

では、その時点の借地料はいったいいくらだったのか。答えは約二五〇万円です。断っておきますが、ひと月の賃料ではありません。年間の借地料です。ひと月わずか二〇万円強で、都心の一等地に東京ドームのグラウンド部分に匹敵する広さの敷地を借りていたのです。

マンションや事務所を賃貸されている方でなくとも、そのあり得ない安さに言葉を失うと思います。

●賃料を踏み倒そうとした米国

少し歴史を遡れば、その土地はもともと民間の所有地だったのですが、明治二三（一八九〇）年に政府が買い上げ、米国と賃貸借契約を結びました。「永代（永久）で年四〇〇〇円」というのが当時の契約内容です。その頃の相場はわかりませんが、さすがにその後一〇〇年の間に二度値上げされ、昭和五八（一九八三）年から平成九（一九九七）年までは年間二五二万円になっていました。そして契約改定の時期を迎えた際、日本政府は、「周辺の相場に合うように」と値上げ交渉に入りました。

当時の「日刊ゲンダイ」の記事によれば、「07年当時の港区の平均公示地価は1㎡あたり143万5100円」。その一万三〇〇〇倍は一八六億円超。その借地料が、くり返しますが年間およそ二五〇万円。値上げ交渉に臨むのは、日本政府として当然です。

ところがこれを、米国は拒否します。曰く「大使館の土地の賃料は商業ベースで考えるべきではない」。そして異例の、賃料の支払い拒否という態度に出ます。その後一〇年間、米国は本当に、このわずかな賃料さえ払わなかったのです。

平成一九（二〇〇七）年になり、時効を迎える前に、日本政府が米国を相手取って民事訴訟を検討していたという報道もある中、やっと次のような妥協案で合意が整います。

①未納だった一〇年間の賃料は、年七〇〇万円として支払う

②二〇〇八年から二〇一二年は、年間一〇〇〇万円とする

③二〇一三年から二〇二七年は、年間一五〇〇万円とする

千代田区一番町、皇居のお堀端・千鳥ヶ淵公園に接して存在するイギリス大使館も、やはり日本政府が国有地を貸しています。三万五〇〇〇㎡という広大なもので、賃貸料は年三五〇〇万円。単位面積で比較すると、イギリス大使館は一㎡あたり一〇〇〇円、新賃料で合意した米国大使館の場合は一㎡あたり七七〇円です。どちらにしても超格安ですが、まだまだ米国が優遇されていることがわかります。

平成一七（二〇〇五）年九月三〇日付の政府答弁書で「両大使館敷地の貸付料については、それぞれの立地条件や契約改定時期が異なるものであり、単純な比較は適当ではない」とは言っているものの、待遇に差があることは事実です。

なぜ、一〇年以上の賃料不払いや、あり得ない優遇がまかり通っているのでしょうか。

私は、「米国は安全保障の重要なパートナーであって、日米安保条約を結んでいるし、米軍

にお世話になっているから」というような忖度が、日本政府にあると思わざるを得ません。米軍に対して「思いやり予算」として毎年膨大な便宜供与をしていますが、それと同じものが通底しているように思います。

2　忖度を利用した「ソフト支配」

●鳩山政権「最低でも県外」の真相

本書でくり返し用いている「対米従属」という言葉に明らかなように、戦後の日米関係は、米国が直接的に日本を支配しているというよりは、日本が米国に付き従っているという構図で成り立っています。米国は日本の従属感情を巧みに利用し、あたかも日本が属国であることを望んでいるかのように振る舞うよう周到に仕向けているのです。この関係性を私は、「ソフト支配」による第51州化と呼んでいます。

ソフト支配の原動力となるのは、日本の中枢を担う政治家や官僚による米国への忖度なのですが、この忖度が、時の政権を退陣に追い込むこともあります。まだ記憶に新しい民主党鳩山政権がまさにそうでした。鳩山由紀夫（現・友紀夫）元総理から直接おうかがいした、驚くべきエピソードを紹介します。

民主党は平成二一（二〇〇九）年八月の第四五回衆議院議員総選挙（いわゆる政権交代選

挙）において「民主党沖縄ビジョン」を世に問い、その中に在沖米海兵隊基地の国外への移転を盛り込みました。プロセスとしては、海兵隊の沖縄県外への移設をまず実現し、戦略環境が変化したら海外への移転を目指すというものでした。

鳩山氏は政権交代選挙の際、沖縄県民の前で「『最低でも県外、できれば国外』が沖縄の皆さんの総意であるならば、私たちはそれが実現できるように努力したい、最低でも県外を実現したい」と言いました。鳩山氏ご本人は慎重に発言したつもりだったということですが、この中の「最低でも県外」がクローズアップされ、一人歩きするようになります。

「最低でも県外」は県民の圧倒的な支持を受け、沖縄では民主党系（非自民党系）の議員が全員当選し、民主党は政権交代を実現します。海兵隊基地、すなわち普天間飛行場の県外移設は、民主党の公約として明確に位置づけられたのです。

普天間飛行場の移設問題に関しては、鳩山首相を始め、岡田克也外相、北澤俊美防衛相、前原誠司国交相、平野博文官房長官による担当閣僚会談が何度か開かれますが、鳩山氏はメンバーを自分の意図通りに動かすことができなかったと省察しています。外務、防衛官僚らも同様にコントロールできず、平成二二（二〇一〇）年五月末と結論の期限を区切ってしまったこともあって、鳩山氏には相当な焦りがあったとのことです。また当時は、民主党、国民新党、社民党の連立政権でしたが、その間の調整も不十分であったといいます。

●徳之島案の浮上と官僚の面従腹背

「最低でも県外」を実現させるべく、鳩山氏は必死の候補地探しを試みます。閣僚からは嘉手納への統合、現在も続く辺野古移設、グアム、テニアンへの移設、ローテーション展開など様々な案が挙げられ、延べ四〇ヶ所ほどが検討にかけられたといいます。

そのような中で平成二一年一二月頃、鹿児島県徳之島から町長や実業家の方が鳩山氏を訪ね、地域活性化策として米軍基地の誘致を提案します。代替地の選定に困難を極めていた鳩山氏にとって、この提案は〝渡りに舟〟であったといいます。せっかくの話も表に出てはまずいということで、ある程度話がまとまるまでは水面下で進めようとしますが、なぜかメディアに情報が流れ、島民の間で反対運動が沸き上がってきます。今まで推進してきた町長も賛成を言い出せない状況に追い込まれ、話は暗礁に乗り上げてしまいます。

この普天間移設問題の渦中における、当時の官僚たちの面従腹背ともいうべき行動が、後にウィキリークスにより明らかにされています。

例えば平成二一年一〇月に来日したキャンベル国務次官補との昼食会で、高見沢防衛政策局長は、「民主党政権に対して、米国側が早期に柔軟さを見せるべきではない」と進言しています。この直前に北京で開催された日中韓サミットにおいて鳩山氏は、「日本は今まで米国に従属しすぎていた。今後は日米関係を最重要な二国関係と認識しつつ、中国や韓国などアジアの国々との協力関係を強めていきたい」という趣旨の発言をし、これにキャンベル次官補が不快感を示していましたが、その経緯を意識したものでしょう。

同様に岡本行夫元首相補佐官は、「鳩山発言は、強固な考えを持つ人に対するときの首相の弱さが出たものである。鳩山首相はたいてい、自分が聞いた一番最後の強い意見に基づいて意見を述べている」と説明したといいます。

また、外務省の梅本和義北米局長は、「鳩山首相は相手が聞きたがっていることを言いたがる癖がある」「北京での鳩山発言は予定されたものではないので、米国政府の高いレベルに懸念を上げてほしい」と発言したと暴露されています。

その他にも、普天間移設問題に関する公邸での極秘会議が翌日の「朝日新聞」夕刊にすっぱ抜かれたこともあったのですが、その会議には外務官僚二名、防衛官僚二名と平野官房長官、鳩山首相が参加していたとのことです。

このように鳩山氏は、誰を信じたらいいのかわからないという状況において、「最低でも県外」の公約を果たすべく、必死の模索を進めていました。

●官僚が持参した「極秘」文書

平成二二（二〇一〇）年四月一九日、鳩山氏のもとに、外務省北米局日米安保条約課と防衛省日米防衛協力課の役人が三枚の文書を携えて面談にやってきます。彼らは「普天間の問題に関して米国側と交渉してきた」とのことです。

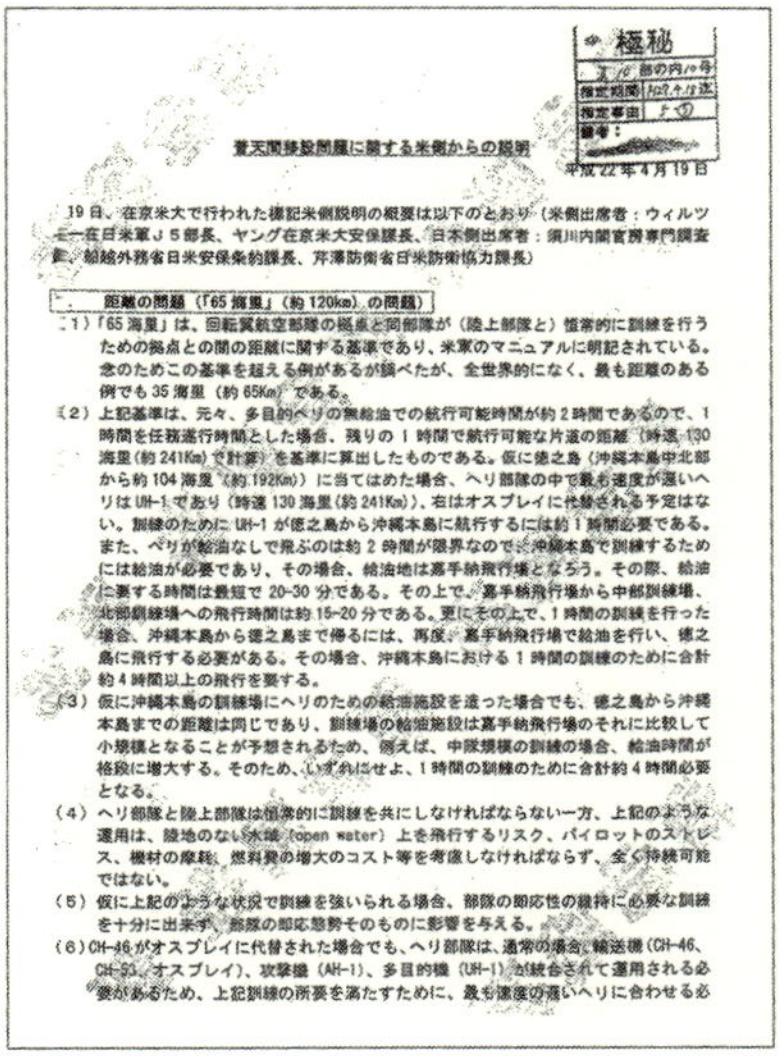

極秘

Ⅰ/10部の内10号

指定期間 H27.4.19迄

指定事由 Ⅰ-①

備考：[redacted]

普天間移設問題に関する米側からの説明

平成22年4月19日

19日、在京米大で行われた標記米側説明の概要は以下のとおり（米側出席者：ウィルツィー在日米軍J5部長、ヤング在京米大安保課長、日本側出席者：須川内閣官房専門調査員、船越外務省日米安保条約課長、芹澤防衛省日米防衛協力課長）

1．距離の問題（「65海里」（約120km）の問題）

（1）「65海里」は、回転翼航空部隊の拠点と同部隊が（陸上部隊と）恒常的に訓練を行うための拠点との間の距離に関する基準であり、米軍のマニュアルに明記されている。念のためこの基準を超える例があるか調べたが、全世界的になく、最も距離のある例でも35海里（約65Km）である。

（2）上記基準は、元々、多目的ヘリの無給油での航行可能時間が約2時間であるので、1時間を任務遂行時間とした場合、残りの1時間で航行可能な片道の距離（時速130海里（約241Km）で計算）を基準に算出したものである。仮に徳之島（沖縄本島中北部から約104海里（約192Km））に当てはめた場合、ヘリ部隊の中で最も速度が遅いヘリはUH-1であり（時速130海里（約241Km））、右はオスプレイに代替される予定はない。訓練のためにUH-1が徳之島から沖縄本島に航行するには約1時間必要である。また、ヘリが給油なしで飛ぶのは約2時間が限界なので、沖縄本島で訓練するためには給油が必要であり、その場合、給油地は嘉手納飛行場となろう。その際、給油に要する時間は最短で20-30分である。その上で、嘉手納飛行場から中部訓練場、北部訓練場への飛行時間は約15-20分である。更にその上で、1時間の訓練を行った場合、沖縄本島から徳之島まで帰るには、再度、嘉手納飛行場で給油を行い、徳之島に飛行する必要がある。その場合、沖縄本島における1時間の訓練のために合計約4時間以上の飛行を要する。

（3）仮に沖縄本島の訓練場にヘリのための給油施設を造った場合でも、徳之島から沖縄本島までの距離は同じであり、訓練場の給油施設は嘉手納飛行場のそれに比較して小規模となることが予想されるため、例えば、中隊規模の訓練の場合、給油時間が格段に増大する。そのため、いずれにせよ、1時間の訓練のために合計約4時間必要となる。

（4）ヘリ部隊と陸上部隊は恒常的に訓練を共にしなければならない一方、上記のような運用は、陸地のない水域（open water）上を飛行するリスク、パイロットのストレス、機材の摩耗、燃料費の増大のコスト等を考慮しなければならず、全く持続可能ではない。

（5）仮に上記のような状況で訓練を強いられる場合、部隊の即応性の維持に必要な訓練を十分に出来ず、部隊の即応態勢そのものに影響を与える。

（6）CH-46がオスプレイに代替された場合でも、ヘリ部隊は、通常の場合、輸送機（CH-46、CH-53、オスプレイ）、攻撃機（AH-1）、多目的機（UH-1）が統合されて運用される必要があるため、上記訓練の所要を満たすために、最も速度の遅いヘリに合わせる必

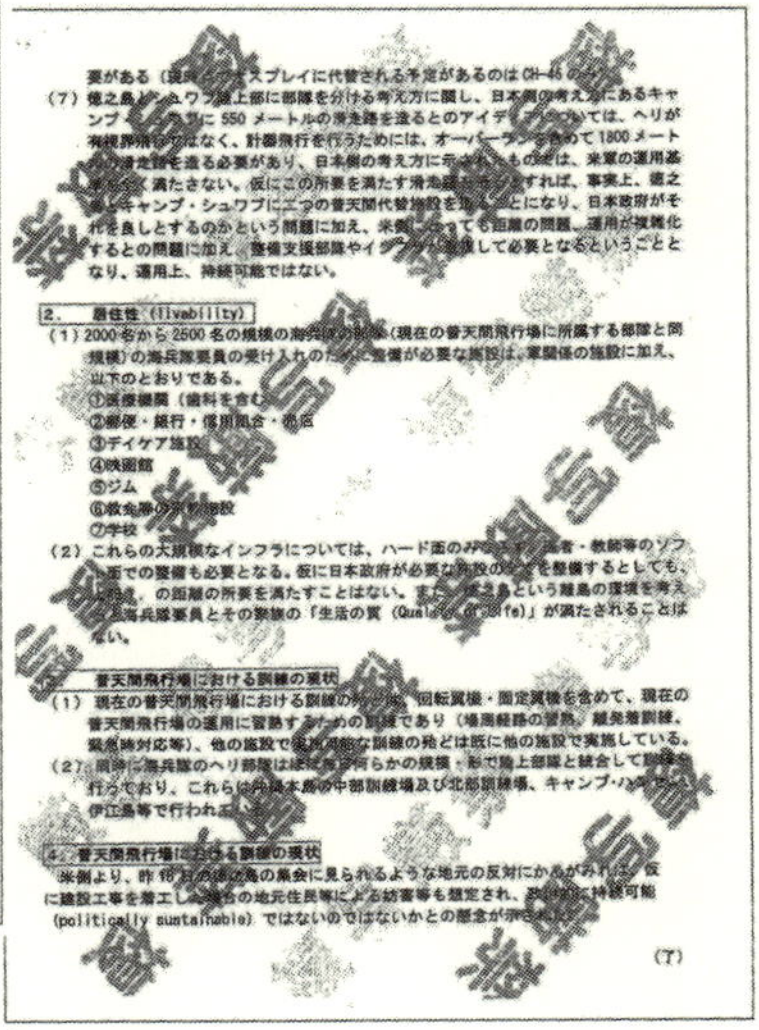

要がある（[illegible]オスプレイに代替される予定があるのはCH-46のみ）。

（7）徳之島と[illegible]シュワブ陸上部に部隊を分ける考え方に関し、日本側の考え方にあるキャンプ[illegible]に550メートルの滑走路を造るとのアイディア[illegible]については、ヘリが有視界飛行[illegible]ではなく、計器飛行を行うためには、オーバーラン[illegible]て1800メートルの滑走路を造る必要があり、日本側の考え方に示され[illegible]は、米軍の運用基準を[illegible]満たさない。仮にこの所要を満たす滑走路[illegible]すれば、事実上、徳之島とキャンプ・シュワブに二つの普天間代替施設を[illegible]ことになり、日本政府がそれを良しとするのかという問題に加え、米側[illegible]ても距離の問題、運用が複雑化するとの問題に加え、整備支援部隊やイン[illegible]重複して必要となるということとなり、運用上、持続可能ではない。

2．居住性（livability）

（1）2000名から2500名の規模の海兵隊の部隊（現在の普天間飛行場に所属する部隊と同規模）の海兵隊要員の受け入れのため[illegible]整備が必要な施設は、軍関係の施設に加え、以下のとおりである。

①医療機関（歯科を含む）

②郵便・銀行・信用組合・商店

③デイケア施設

④映画館

⑤ジム

⑥救急隊の[illegible]施設

⑦学校

（2）これらの大規模なインフラについては、ハード面のみ[illegible]医者・教師等のソフト面での整備も必要となる。仮に日本政府が必要な施設の[illegible]を整備するとしても、上記1．の距離の所要を満たすことはない。また[illegible]徳之島という離島の環境を考えると海兵隊要員とその家族の「生活の質（Quality of Life）」が満たされることはない。

3．普天間飛行場における訓練の現状

（1）現在の普天間飛行場における訓練の[illegible]回転翼機・固定翼機を含めて、現在の普天間飛行場の運用に習熟するための訓練であり（場周経路の習熟、離発着訓練、緊急時対応等）、他の施設で[illegible]な訓練の殆どは既に他の施設で実施している。

（2）同時に海兵隊のヘリ部隊は[illegible]何らかの規模・形で陸上部隊と統合して訓練を行っており、これらは沖縄本島の中部訓練場及び北部訓練場、キャンプ・ハンセン、伊江島等で行われ[illegible]。

4．普天間飛行場における訓練の現状

米側より、昨[illegible]の[illegible]の集会に見られるような地元の反対にかんがみれば、仮に建設工事を着工し[illegible]の地元住民等による妨害等も想定され、政治的に持続可能（politically sustainable）ではないのではないかとの懸念が示された。

（了）

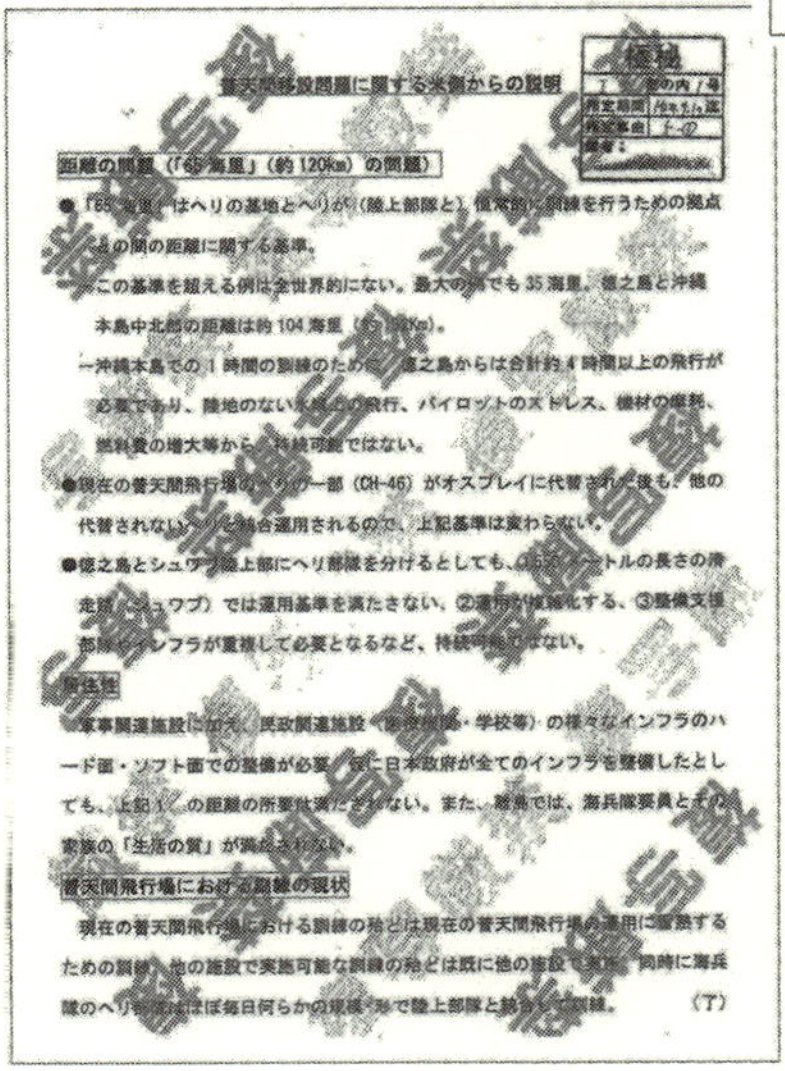

極秘

Ⅰ/[illegible]部の内/号

指定期間 H27.4.19迄

指定事由 Ⅰ-①

備考：[redacted]

普天間移設問題に関する米側からの説明

距離の問題（「65海里」（約120km）の問題）

●「65海里」はヘリの基地とヘリが（陸上部隊と）恒常的に訓練を行うための拠点との間の距離に関する基準。

－この基準を超える例は全世界的にない。最大の例でも35海里。徳之島と沖縄本島中北部の距離は約104海里（約192Km）。

－沖縄本島での1時間の訓練のために、徳之島からは合計約4時間以上の飛行が必要であり、陸地のない[illegible]の飛行、パイロットのストレス、機材の摩耗、燃料費の増大等から、持続可能ではない。

●現在の普天間飛行場の[illegible]の一部（CH-46）がオスプレイに代替された後も、他の代替されない[illegible]と統合運用されるので、上記基準は変わらない。

●徳之島とシュワブ陸上部にヘリ部隊を分けるとしても、①[illegible]メートルの長さの滑走路（シュワブ）では運用基準を満たさない、②運用が複雑化する、③整備支援部隊やインフラが重複して必要となるなど、持続可能ではない。

居住性

軍事関連施設に加え、民政関連施設（[illegible]・学校等）の様々なインフラのハード面・ソフト面での整備が必要。仮に日本政府が全てのインフラを整備したとしても、上記1．の距離の所要は満たされない。また、離島では、海兵隊要員とその家族の「生活の質」が満たされない。

普天間飛行場における訓練の現状

現在の普天間飛行場における訓練の殆どは現在の普天間飛行場の運用に習熟するための訓練。他の施設で実施可能な訓練の殆どは既に他の施設で実施。同時に海兵隊のヘリ部隊はほぼ毎日何らかの規模・形で陸上部隊と統合して訓練。

（了）

「普天間移設問題に関する米側からの説明」と題された「極秘」文書（出典：『「戦争のできる国」ではなく「世界平和要の国」へ』、あけび書房、2016年）

官僚たちが持参した「普天間移設問題に関する米側からの説明」とタイトルの付いた三枚の文書には「極秘」と押印され、コピーをとると「複写厳禁」の文字が浮かび上がる仕掛けが施されていました。

その文書は「訓練の一体性」に関するもので、要約すると、普天間の移設先と沖縄の北部・中部訓練場との間の距離があまりにも長いとヘリコプターで時間が掛かりすぎ、訓練が十分できなくなって問題である、という内容です。つまり、普天間の代替施設は遠くには造れないということで、その限界距離は六五海里（約一二〇キロ）とされていました。オスプレイなどのより高速のヘリが導入されたとしても、訓練は最も遅いＵＨ１に合わせる必要があるのでこの六五海里の問題は変わることがなく、これは米軍のマニュアルに明記されたことで、念の為調べたがこの基準を超えた例は世界にないとも書かれています。

この文書の通り、沖縄北部・中部の訓練地域から六五海里（一二〇キロ）半径で代替地を探すとなると、飛行場建設のスペースを勘案した場合、事実上沖縄県内しか考えられなくなります。鳩山氏が可能性を検討していた徳之島についても、一九二キロ離れていることから不可能です。つまりこれは徳之島案を打ち消すための文書であり、航続距離の他にも、水域飛行のリスク、パイロットのストレス、機材の消耗、燃料費の増大など徳之島案の不可能性が説かれていました。

この文書が、鳩山氏にとって県外移設断念の決定打となりました。沖縄の外に普天間の移設先をもっていくことが不可能となる中で、辺野古案に戻らざるを得なくなったといいます。結果的にこの選択は沖縄県民の激怒を買い、鳩山首相は退陣を余儀なくされました。

●捏造された「六五海里基準」

この「普天間移設問題に関する米側からの説明」という文書は、平成二七（二〇一五）年四月まで極秘扱いでしたが、それが解けてから、鳩山氏は講演等で事実関係を話すようになりました。実はそれ以前、平成二五（二〇一三）年の段階で、「琉球新報」が「最低でも県外」が実現できなかった経緯を徹底取材した際、この「六五海里問題」に行き当たり、米国側に問い合わせています。すると驚くべきことに、六五海里なる基準が米軍のマニュアルに記載されている事実は見つからなかったというのです。

鳩山氏本人が「六五海里問題」に疑問を抱き始めたのは、安倍政権になって、普天間閉鎖後辺野古完成までの米海兵隊訓練地として、佐賀空港を使用する案が出てきた時といいます。佐賀と沖縄の距離は徳之島の比ではなく、一千キロ以上を往復することになるわけで、六五海里基準に照らせば到底不可能なはずです。

また、件の文書には六五海里の基準を超える例は世界にないとありましたが、静岡県立大学グローバル地域センターの西恭之特任教授が、ヘリ部隊基地から八四海里離れた海兵隊地上部隊の訓練場が米本土に存在すると指摘していることも知り、鳩山氏は六五海里基準など存在しないのではないかと思うようになりました。現に米国自身が、六五海里基準のマニュアルの存在を否定しています。

鳩山氏は共著書『「戦争のできる国」ではなく「世界平和の要の国」へ』（あけび書房）の中で、次のように述べています。

「私に『最低でも県外』を諦めさせるために、官僚たちはアメリカの海兵隊の訓練の制約上の問題を作り上げたのです」

●捏造文書が鳩山政権を葬った

この問題に関して、川内博史元衆議院議員が「普天間移設問題に関する米側からの説明」という極秘文書の出所を外務省に尋ねたところ、外務省は「その文書は正式な外務省の文書でないので分からない」と回答しました。原口一博衆議院議員もこのことを衆院予算委員会で質問しましたが、外務省の正式な答弁として、「存在は確認できなかった」と返ってきました。

その後鳩山氏と川内氏は、外務省の西海茂洋監察査察室長に調査を依頼し、極めて不明朗な重大案件なので太田誠監察査察官に上げてほしいと要望しましたが、ほどなく、太田監察査察官は兵庫県警本部長に栄転したということです。鳩山氏は今後も、真相究明に向けて引き続き努力を重ねていくとのことです。

時の政権の最重要課題を左右し首相退陣の引き金となった文書が、外務省の正式なものではなく、それどころか官僚による捏造だった可能性が極めて濃厚であるという、法治国家の根本を揺るがす行為が行なわれていたのです。官僚は本来、政治家を支える立場と役割を担う者ですが、彼らが支えていたのは日米安保体制であり、これにそぐわない政治家は、たとえ政権の座にあっても引きずり降ろそうとする――この事態を国民は重く受け止めなければならないのですが、ほとんどの人がこの事実を知りません。

これは極めて重大な問題であると我々の機関紙『レコンキスタ』では取り上げましたが、マスコミはまともに伝えていません。権力の中枢にある者の対米忖度、事実から目を背け本当に重要なことは伝えないマスコミ、そして現状を何も知らない国民――これらはすべて、米国がソフト支配を通じて築き上げてきた〝作品〟と言えるでしょう。

●自然ににじみ出る〝従属感情〟

なぜ日本の権力中枢は、自国の政権を追い落とすほどに米国への忖度を行うのか。その原点にあるのは、占領期間中に形成された、米国に対する過度にへりくだった日本の視線です。米国の支えで日本は国際社会に復帰できた、米軍がいることで助かっているという自己認識。そういうものがずっと尾を引きずっているように思います。

昭和四〇年代には、日米の従属構造に対し異を唱える動きもぽつぽつと出てきて、さらにその後の冷戦崩壊で、「日米関係を見直さないといけないのではないか」「ドイツ並み、イタリア並みにしていこう」という意見も出てきました。しかし今日に至るまで、先の大使館問題、文書捏造を見てもわかるように、本質的には何も変わっていません。

本書で言及する、日米間のさまざまな制度的問題の根底にあるのが、日本国民の米国に対する従属感情であり、それが形成されたのは大東亜戦後の占領期間である――この基本的な認識を、まずは皆さんと共有しておきたいと思います。

3　対米従属を固定化してきたもの

●米国の戦後処理の巧みさ

なぜ米国は、占領期間を通じて日本人に従属感情を植え付けることができたのか。私はここに、ＧＨＱ（連合国軍最高司令官総司令部）の占領政策の巧みさがあると思います。

まず挙げられるのが、評論家の江藤淳氏がその存在を指摘したＷＧＩＰ（ウォー・ギルト・インフォメーション・プログラム）です。これは「戦争についての罪悪感を日本人の心に植え付けるための宣伝計画」と訳される占領政策の一環で、この中で、戦前の軍国体制日本を徹底的に批判しました。

「この戦争は、軍部が独走してみんなを戦争に駆り立て、無謀な作戦をくり返し遂行し、多くの人が亡くなったじゃないか！」

このように戦争の指導者たちを批判し糾弾する半面、「一般国民には罪はない。私たちはわかっているのだ」と懐柔したのです。その上で、米国の文化に対する憧れを醸成し、「米国は先進的な国で、自由と民主主義があるんだ」という刷り込みを巧みに行ないました。

実際の話、戦争で米国が日本に対してやったことは、東京大空襲や広島・長崎への原爆投下です。軍人や軍事施設だけでなく、民間人やその住まいも無差別に、徹底的に攻撃しました。戦時国際法もジュネーブ条約も無視しています。

しかし、戦後、それらのことは不問に付してしまいます。ここでも「軍国体制が悪い。過ちは、軍国体制が戦争を早く終了しないからそういう目に遭う」という論理です。

これに対し当時の世論は、占領統治によってソ連が日本に来るよりは米軍がマシ、というものが多数を占めていました。日本人にとって米軍はある意味で自由の使者であり、そして軍国体制から人々を解放してくれたという意識です。日本共産党までが米軍を「解放軍」と言って、共産党員たちは万歳して府中刑務所から出てきました。このような世相は、ＧＨＱが意図して作ったものです。

唯一、鳩山一郎（終戦後、自由党を結成）だけは、「〝正義は力なり〟を標榜する米国である以上、原子爆弾の使用や無辜の国民殺傷が病院船攻撃や毒ガス使用以上の国際法違反、戦争犯罪であることを否むことはできないであろう」と「朝日新聞」で談話を発表（昭和二〇年九月一八日）しますが、たちまちＧＨＱによりこの号は発行停止処分になっています。

占領統治されていく中でいろいろな歪みが発生し、「どうもちょっと違うんじゃないか」という疑義も日本人の間に芽生えますが、東京裁判により戦争犯罪人を処罰することで、やはり呪縛されていってしまいます。

●原爆投下とソ連の参戦

第二次世界大戦の戦後処理を決めたのが、一九四五（昭和二〇）年二月のヤルタ会談です。イギリスのチャーチル、ソ連のスターリン、アメリカのルーズベルトの三首脳が、今はクリミア共和国になっているヤルタ市のリヴァディア宮殿で会談を行ないました。私はここを何回も訪れているのですが、当時の会議のテーブルが今も保存されており、その様子も写真で飾られています。

日本の降伏の半年前というこの段階で、はたして米国による原爆使用が明らかにされたのか？　歴史上の記録では一切その話題は出なかったようですが、スターリンは、米国がユタ州でなにか新型の爆弾を開発中だという情報は知っていたようです。

米国はもともと、ヨーロッパにおけるソ連の影響力を削ぐ狙いで、一九四三（昭和一八）年のテヘラン会議あたりから、ソ連に対し日本への参戦を促していました。しかしソ連は、ドイツとの戦争がありそれどころではありません。一方、太平洋では日本が意外に粘り強く戦い、なかなか決着がつかない。そんな中でドイツは五月に降伏文書に署名。そこで米国には戦争終結を急ぐ事情が生まれ、原爆投下に踏み切ったようです。

戦後の覇権争いを見据えた大国同士の思惑が絡み合っています。日本側も空襲を受けつつも、本土決戦を画策します。この流れが原爆投下につながり、おびただしい数の無辜の民が犠牲にならざるを得ませんでした。

原爆投下当時、国際世論もそれを問題にした形跡はありません。むしろ各国は、日本の敗戦後すぐに広島や長崎に入り、原爆の効果について調査をしています。ロシア（旧ソ連）はその時の記録写真をもとに、二〇一四（平成二六）年になって、原爆の戦争犯罪についての研究機関を立ち上げました。平成二八（二〇一六）年に米オバマ大統領（当時）が広島を訪問した直後に訪日したロシアのセルゲイ・ナルイシキン下院議長は、旧ソ連の駐日大使館員を中心とする軍事調査団が原爆投下後の九月中旬から一一月にかけて広島および長崎を撮影した映像や写真を安倍首相と会談した際に贈呈し、それが日本政府を通じて広島、長崎の原爆資料館に寄贈されています。

私が今年、ヤルタ市市制一八〇年の記念音楽祭に行った時も、ちょうどその日が八月九日だったこともあり、式典の挨拶では、市の女性議員・オリガ氏が私に向かって、「今日は長崎で原爆が投下された日。お悔やみを申し上げます」とスピーチされました。

ロシアやクリミアでは「日本は米国にあんなひどい爆弾を使用されているのに、何の文句も言わず仲良くしているのか？」と、政治家・一般人問わずよく質問されます。私が親しく行き来していた頃のイラクでも、同じことは何度も聞かれました。ちょうどイラク戦争（二〇〇三年）が始まる前の訪問時には、「日本は米国に原爆を落とされている。なのになぜ、米国とそんなに仲が良いのか。謝罪はしっかりしてもらったのか」という質問を何度も受けました。日本人の耳に入る海外事情は、その過半が米国経由のものと見受けられますが、世界にはこのような認識をもつ国々が結構多いのです。

●朝鮮戦争の司令部はいまだ横田に

やや陰謀論めいてきますが、ＧＨＱが把握し影響を与えていた日本の闇の勢力も含め、当時築かれた情報・統治の人脈やパイプは、いまだに生きていると思います。

しかし、何よりもＧＨＱが日本人の洗脳に成功した要因は、「もう戦争はこりごりだ、あんな時代に戻りたくない」という日本国民の厭戦気分を掬い取ったことでしょう。

もう一つ大きかったのは、天皇陛下・皇室の維持という国体護持だと思います。戦争には負けたが、とりあえず皇室は温存され国体が護持された。国土も北海道、本州、四国、九州が残れば何とか御の字だという感情、それが大きい。当時の気分としては「ソ連に占領されたら天皇制度もあぶなかった」というようなぎりぎりの選択だったのでしょう。それで米軍の駐留を認めてしまいました。

ここで注目してほしいのは、「日本が独立したら占領軍は九〇日後に撤退する」ことが、サンフランシスコ講和条約第六条で決められていた事実です。しかしそれでは、米国にとって極めて不都合。そこで同条の後段に、「日本と他の国が条約を結んだ場合には、その限りではない」としたのです。その結果、結ばれたのが日米安保条約であり、昭和二七（一九五二）年四月時点で二六万人いた米兵が、そのまま駐留を続けられることになったわけです。

ここでもう一つ問題が起きます。朝鮮戦争が始まっていたことです。朝鮮戦争が始まったとき、国連決議に基づいて米軍が指揮を執る国連軍が編成されますが、その国連軍の編成基地が横田でした。この国連軍が北朝鮮、中国の義勇軍とも戦って、一九五三（昭和二八）年には停戦協定が結ばれます。終戦ではなく、あくまで停戦協定です。

なので、国連軍の司令部はいまだに横田基地にあります。横田に司令部を置いたまま、安保条約が結ばれた。複雑な構図です。

この状況で、もしトランプ大統領と金正恩委員長が終戦協定を結んだら、横田にある国連軍の司令部はどうなるでしょう？

役目を終えるのですから、当然、撤退し、解体ということになります。この流れが安保条約とどう絡んでくるのか。当然、安保条約も縮小しなければならなくなるはずです。それが論理的帰結というものですが、そうなると、日本の安全保障政策は根底から見直さざるを得ないことになる。私がかねてから提唱している「安保リセット論」です。

そういう視点で昨今の米朝協議を語る日本人は、まだ誰もいません。トランプ氏と金正恩氏の〝対話〟は、彼岸の出来事ではなく、結果如何では日本の国家戦略にダイレクトに関わってくることなのです。その意味で、休戦協定と横田問題は重要です。

そもそも論で言うなら、その時点で日本は国連に加盟していなかったのに、なぜ朝鮮戦争の司令部が横田に置かれたのか。やりたい放題やられているわけです。

4　アジア諸国との平和構築

●外交に金をかけよ

日本の外交および安全保障を考える際、冷戦というのが一つのキーワードになります。自由主義を標榜する資本主義の西側諸国と、ソ連を筆頭にした社会主義の東側諸国。両陣営の対立が一九九〇年代にほぼ解消した時、米国が日本に軍隊を置く意味があるのか――この至極当然の問題意識から日本の安全保障政策の再構築を提言した報告書が、かつて存在しました。

平成六（一九九四）年、細川内閣の時に首相の私的諮問会議「防衛問題懇談会」が座長の故・樋口広太郎氏の名でまとめた「樋口レポート」は、冷戦終結後の世界情勢を鑑み、米国の世界戦略から離れ、日本の安全保障の枠組みを再定義しようとしたものでした（第3章にて詳述）。

いわゆる日米同盟を離れ、東アジア集団安全保障体制の構築を提起した「樋口レポート」は、米国に大きな衝撃を与えたといいます。危機感を覚えた米国政府は日米同盟の再定義を打ち出し、自民党内閣の再登場以降、同レポートは忘れ去られました。

日米同盟は現在、朝鮮有事、中国の海軍増強、尖閣問題などを危機とみなし、その存在理由としています。確かにそれは日本の防衛問題ではあるものの、それを後ろで米軍が煽っているという側面がある。

中国海軍を脅威としていますが、中国海軍の軍事費はたとえ増強しても大した規模にはならないという観測もあります。軍事費の拡大といっても、その内訳を見ると人件費がやたら取られていて、純粋な軍事費としては大したことはないという議論です。

北朝鮮のミサイルにしても、ＰＡＣ３（地対空迎撃ミサイル）の配備まで日本で実施する必要があるのか。トランプは結局危機を煽り、日本にたくさんの兵器を買わせます。

問題は、緊張をどうやって下げるのか、つまり平和を構築するためにどれだけ金をかけるのか、ということのはずです。軍備に目いっぱい金をかけるよりは、日常の平和構築、つまり外交努力に金をかけるほうがはるかに重要だし、また有効です。北朝鮮がミサイルを撃っているのであれば、国交正常化交渉をやりながら、ミサイルを撃たなくても大丈夫なようにお金を使えばよい、それが私の考えです。

北朝鮮との関係は、小泉元首相の拉致被害者の取り戻し以降、まったく手も付けられていません。冷戦期、デタント（緊張緩和）という言葉がありましたが、新冷戦に対抗するには、新デタントが必要です。だから安保リセット論で、アジアとのデタント、要するに平和構築が必要です。協調と平和構築をどうするか。ここにリソースを投入することが、現在、そしてこれからの外交戦略ではないでしょうか。

●アジア合同慰霊祭の提案

アジアの国々との平和構築を考えるとき、わが国には解決しておかなければならない問題があります。歴史の清算、歴史認識の問題です。ここをどう乗り越えていくのか。保守を自称する人たちの中には〝歴史修正主義〟でこれをなかったことにしようとする一派もありますが、私はこの問題に、真正面から向き合うべきだと思っています。

まず、かつて「朝まで生テレビ」に出演した際にも提案したことですが、アジア合同慰霊祭をぜひ実現したいと思います。それぞれの国で行なう鎮魂と慰霊というのは、どうしてもナショナリズムに陥りがちです。先祖、先輩が亡くなってそれを鎮魂する、慰霊するという行為には、やはり、自国の歴史の正当性といったものがつきまとってしまいます。それをやっている限り、いつまでたっても過去の解釈に振り回され、アジア諸国は仲良くなれません。

勝った国・負けた国、迷惑を掛けた側・掛けられた側、いろいろな立場はありますが、自国のナショナリズムはひとまず置いて、合同で、持ち回りで慰霊行事を開催していこうという提案です。

また、北朝鮮との間には拉致問題もあります。さらに、双方の残留遺骨問題もあります。幸いにして、我々が訪朝して北朝鮮高官と談判し、遺骨問題では遺族たちが現地を訪れ、墓参ができるまでになりました。また、ストックホルム合意の課題事項に押し上げることができたものの、まだまだ解決すべき問題があります。

こうした取り組みを通じ、虚心坦懐に過去と向き合いながら、お互いの立場を理解しつつ、少しずつ歩み寄っていく。この先にしかアジアの平和構築はあり得ないのです。

このプランは戦後五〇年のときに発表しました。私が言ったからではないでしょうが、その後、硫黄島において日米合同慰霊祭が実現しました。相撲界から力士の一行も参加しました。これを一粒の麦として、アジアに広げたいと思っています。

●慰安婦は尊厳の対象

韓国との間に横たわる慰安婦問題は重要です。これは韓国のハンギョレ新聞の取材を受けて語ったことですが、本当に大変なご苦労を女性たちにお掛けしたと、私自身思っています。申し訳ない、責任を痛感しなければならないと思っています。

また責任だけではなく、彼女たちに対しては尊重と尊敬と名誉の対象として接していかなければならないと思います。「金をもらって売春行為をやったんだろう」というようなことを言っている人がいますが、とんでもない。それは、彼女たちに対する冒涜以外の何ものでもありません。

よく考えてください。あの方々は、日本統治下では日本人として日本の軍隊の戦争遂行行為の一環として動員され、軍人が「これで死ねる」と癒やされたのです。体を張って動いてくれた結果であって、大変に申し訳ないと同時に、感謝こそしなければならないのです。そのことをハンギョレ新聞に話しました。

こういう言われ方は当人たちは嫌かもしれませんが、私たちにとって、彼女たちはある意味で戦友なのです。戦友を冒涜する言動は絶対に許せません。この戦友論を語ったら、『帝国の慰安婦』を書いたパク・ユハ氏が同じようなことを言っていました。

では、現実的にはどのように対応していくか。すでにアジア女性基金というものがありました。これはいったん終了してしまうのですが、その後、外務省のフォローアップ事業に取り組んできた臼杵敬子女史とも意見交換を重ねています。その過程で、国としての正式な対応などの提案をずっと行なってきました。

それと同時に、韓国の挺対協（挺身隊問題対策協議会）の人たちのように、元慰安婦の方々を政治利用しないよう説得することが必要です。実際、挺対協の関係の財団の人とも、「政治的であればよくない、それは和解にならない」「こちら側も誠意を示している。尊重もしている。おばあさんたちだって、これでいいと言う人もいるんだから、ちゃんとそれはやるべきだ」等々、議論してきました。

韓国の人々とは、私はそういう接点を持っていろいろ意見交換しています。元慰安婦の方々が共同生活を送っている「ナヌムの家」にも行って、戦友としての感謝を伝えたいと思っています。

●中国との付き合い方

中国に対しても、やはり行き過ぎを認めるべきは認めなければならない。天皇陛下の命令に逆らって盧溝橋で陸軍が戦端を開いたという事実を踏まえ、満州の建国と運営など、反省しないといけない事柄はたくさんあります。

一方で、中国国内でも、過去に対する向き合い方にいろいろな意見があるようです。

中国の馬立誠氏（元「人民日報」主任編集者）が来日した際、議論したことがあります。この人は「対日新思考」という提案をしていて、「恨みからは何も始まらない」という内容の本を書いています。日中の発展、アジアの発展を願っている人で、「日本は二〇回以上謝ったから、もう謝ってもらう必要はない。むしろ、日本と中国とアジアにおける民主的な体制の構築、その平和的な推進が必要だ」と言います。

彼は今の中国共産党に対してやや批判的で、人々の意見を聞かなかったり、党官僚の専横政治という体質を指摘し、刷新を主張しています。それは理解できますが、内政干渉になってはいけません。中国人のインテリの一つの意見として、受け止めています。

いずれにせよ、世界の平和のために、中国を尊重していかねばなりません。しかし、中国共産党が、挺対協と同じように、あまりにも政治的に歴史問題を利用するようなことがあると、こちら側もどうやって接点を見つけていったらいいのかわからない。そういうところが難しいのです。

だからこそ、お互いのナショナリズムを背負って立場を固定しないためにも、まずは合同慰霊祭の開催を通じ、和解と平和構築を求めることが必要だと考えています。

私は必ずしも反中ではありません。右派の人たちは台湾を擁護し、一方で中国共産党を批判します。私は、今の中国のありようは、国家の発展形態における必然であって、天安門事件など民主化運動との衝突がありましたが、構造内部の問題はこちらが言うことではない。ましてや、欧米的な価値観からの批判は行なってはならないと思います。

平成三〇（二〇一八）年は、昭和五三（一九七八）年に締結された日中平和友好条約の四〇周年にあたります。この四〇年間、両国の間にはさまざまなことがあり、互いの国民感情も大きく変化してきました。平成七（一九九五）年の「村山談話」、平成一〇（一九九八）年の「日中共同宣言」あたりまではおおむね良好な関係を維持してきましたが、平成一三（二〇〇一）年、当時の小泉首相による政治パフォーマンスとしての靖国神社参拝を契機に、両国関係が硬直した状態になってしまいました。その後、私も上陸し領有を主張した尖閣諸島国有化問題では中国で大規模な反日デモが起り、日本でも反中感情がインターネット上に溢れるなど、両国の不健全なナショナリズムにより、日中関係は悪化の一途をたどりました。

最近は、双方の様々な努力により改善の傾向が見られ、日本政府観光局のデータによれば、平成二九年に日本を訪れた中国人観光客は約七三五万人であり、これは十年前、平成一九年の実に八倍にあたるといいます。

四〇年という時間に紆余曲折があるのは当然のことで、この時間を人間の人生に置き換えてみると、「不惑」にあたります。ここからが、成熟した大人同士の付き合いが本格化する時期です。日中平和友好条約に謳われた、大国としての立場を世界平和のために行使していく理念に則り、時に建設的な相互批判を行ないつつ、日中両国の善隣、友好、平和の関係を発展させていくため、日本の愛国者として交流を続けていきたいと思います。

第3章　日米地位協定という不平等条約

1　日米地位協定の壁

●米軍の事故・犯罪に手も足も出ない日本

平成二八（二〇一六）年一二月、沖縄県の名護市東沿岸から約一キロ沖合に、米海兵隊普天間飛行場所属のMV22オスプレイが墜落して大破しました。搭乗していた米兵五名のうち二名がケガをして病院に運ばれました。大破したにもかかわらず、日本政府は「墜落」を「不時着」と言って、事故の重大さをごまかそうとしました。

このような事故が日本の主権下で起きても、事故原因などの調査結果は日本にきちんと報告されません。この名護市沿岸の墜落事故でも、第一一管区海上保安本部が米軍に捜査協力を申し入れましたが、返答すらありませんでした。日米地位協定によって、日本は現場検証ができません。海上保安本部は、米軍が管理する内周規制線の中に入ることができず、現場の撮影や潜水士による実況見分など、許された範囲の捜査をするしかありません。

米軍に関する事故が起こると、米軍は事故現場に捜査線を張って、彼らだけの機密として現場検証を行ないます。

たとえば、平成一六（二〇〇四）年に起きた沖縄国際大学米軍ヘリコプター墜落事件があります。普天間基地所属のCH53D大型輸送ヘリコプターが、沖縄国際大学一号館の北側に接触して墜落炎上しました。搭乗員や学生、大学職員に死亡者は出なかったものの、校舎は損傷を受けて通信回路も一時遮断されました。

日米地位協定第一七条に、「合衆国の軍当局は、合衆国の軍法に服するすべての者に対し、合衆国の法令により与えられたすべての刑事及び懲戒の裁判権を日本国において行使する権利を有する」とあります。これは「日本の法は米軍には適用されない」と言っており、この治外法権を適用した代表的な例が、沖縄国際大学米軍ヘリコプター墜落事件でした。

沖縄復帰以降、県内で米軍機の墜落事故は起きていましたが、住宅地に墜落するのはこれが初めてです。大学内の事故でありながら米軍が事故現場を封鎖し、沖縄県警をはじめ消防、行政、大学関係者の立ち入りを許可しませんでした。このシャットアウトに衝撃を受けた日本国民は多かったはずです。

墜落したヘリコプターのローターブレードの容器には、放射性物質ストロンチウム90が収められていました。つまり放射能汚染が起きた可能性があったわけですが、米軍が機体と事故現場の土壌を撤去、隠蔽してしまい、さらに放射性物質の影響や事故の状態さえ、日本側には開示されませんでした。

沖縄県警は、航空危険行為等処罰法違反の疑いで公訴時効までの三年間、捜査を行ないましたが、日米地位協定の壁に阻まれて、残念ながら全容解明には至りませんでした。

事故だけではありません。日本の主権下で罪を犯した米兵も守られています。米兵は罪を犯しても、在日米軍基地の敷地の中に逃げ込めば、日本の警察は日米地位協定に阻まれて対処できません。

外務省ホームページの「地位協定Q＆A」では、「一般国際法上、米軍や米軍人などが我が国で活動するに当たって、日本の法令を尊重しなければならない義務を負っており、日米地位協定にも、これを踏まえた規定がおかれています（第一六条）」と説明しています。この外務省の説明は、ごまかしと言い切っていいと思います。なぜなら、米軍が日本の法を尊重しているならば、沖縄県警は捜査ができていたはずです。

●もしも東京にオスプレイが墜落したら……

オスプレイの墜落事故がもし東京都で起きても、同様に、日米地位協定で日本は十分な捜査ができません。万が一オスプレイが政府の重要な施設、たとえば国会議事堂に落ちたとしましょう。そんなとき、米軍があたりを封鎖し、日本の警察や消防が入れない……日米地位協定とはそういうことなのです。

オスプレイの事故が多いというのは周知の事実ですが、防衛省・自衛隊のホームページ「CV22オスプレイについて」では、「日本政府として、様々な角度から安全性を検証。その結果、事故の原因検証等からも、機体の安全性には特段の問題はなく、MV22が他の航空機と比べて特に危険と考える根拠は見出し得ず（平成二四年八月、九月）」と説明されていました。

ところが、この説明から五年後の平成二九（二〇一七）年一一月には、防衛省は米海兵隊のオスプレイの重大事故率が、二〇一七年度末（米国会計なので九月末）時点で三・二七に上昇して、海兵隊機全体の事故率二・七二を上回ったと発表しています。「他の航空機と比べて特に危険と考える根拠は見出し得ず」から「海兵隊機全体の事故率を上回った」に手のひら返しです。

オスプレイの事故の多さとともに、事故に対する日本政府や県の対応にも、私たちは注目していかなければなりません。

図表３－１でまとめたように、これだけオスプレイの事故が続けば、昼あんどんの日本政府も、さすがに在日米軍に対して再発防止を要請せざるを得ません。

ところが、どうもかたちばかりの申し入れに終始している印象を受けます。本気で怒りをぶつけて抗議しているのでしょうか。だから在日米軍も、「再発防止に向け努力する」という形式的な回答を繰り返すだけで、姿勢は何も変わりません。

2013年	6月	米海兵隊のMV22がノースカロライナ州で訓練中に火災が発生し大破
	8月26日	米海兵隊のMV22がネバダ州で着陸失敗。乗員脱出後に機体が炎上
2014年	10月1日	米海兵隊のMV22がペルシャ湾で離陸直後、動力を喪失 **1人死亡**
2015年	5月17日	米海兵隊のMV22がハワイ州オアフ島の空軍基地に墜落 **2人死亡**
	12月9日	海兵隊のMV22がカリフォルニア州沖で輸送揚陸艦への着艦に失敗
2016年	10月26日	海軍のMV22がメリーランド州の基地で着地に失敗
	12月13日	**普天間飛行場所属のMV22が名護市安部沿岸に墜落 乗員5人中2人が負傷**
2017年	6月6日	**普天間所属MV22が伊江島補助飛行場に緊急着陸**
	6月10日	**普天間所属MV22が奄美空港に緊急着陸**
	8月5日	**普天間所属MV22がオーストラリア東部海上に墜落** **3人死亡**
	8月28日	**普天間所属MV22が岩国基地で白煙を上げる**
	8月29日	**普天間所属MV22が大分空港に緊急着陸**
	9月29日	**普天間所属MV22が石垣空港に緊急着陸**
2018年	2月9日	**うるま市伊計島で普天間所属のMV22の部品落下が発覚**
	4月25日	**普天間所属MV22が奄美空港に緊急着陸**
	6月4日	**米軍横田基地から米軍嘉手納基地に向かう途中、米空軍のCV22が奄美空港に緊急着陸**
	8月14日	**奄美空港と米軍嘉手納基地にMV22が緊急着陸**

図表3-1　普天間配備後のオスプレイの主な事故・不具合
(「琉球新報」2018年8月15日より)

ＣＶ22オスプレイが横田基地に配備されましたが、運用について政府の説明は、「安全面に最大の考慮を払うとともに、地元に与える影響を最小限に留めるよう日米で協力する」(平成三〇年四月三日、外務省)というものです。これだけ沖縄県で事故が多発しているなかで、具体的な再発防止策が示されていません。人命にかかわる問題という意識があるのでしょうか。本気の再発防止策を具体的に都民と国民に提示するべきです。

そこで第1章で述べたように、我々は都庁に建白書を提出し、担当者と直接対話をもったわけです。「オスプレイなり米軍が事故を起こしたら、しっかりした対応をしてくれ。事故が起きたとき、小池百合子都知事に辞任する覚悟はあるのか」と迫っているのです。

2　全国知事会の提言とマスコミの反応

●全国知事会が地位協定の見直しを提言

第1章で先述しましたが、平成三〇（二〇一八）年八月、全国知事会の会長を務めている上田清司埼玉県知事が、国に対して日米地位協定の見直しの提言をしました。全国知事会は昭和二二（一九四七）年から続く全国組織ですが、日米地位協定の改定を提言するのは初めてのことで、きわめて画期的と言えます。

提言内容をまとめると、「米軍機の低空飛行訓練のルートや訓練の時期などを、事前に情報提供すること」「日米地位協定を根本的に見直し、国内法（航空法や環境法令など）を適用させること」「米軍の事件・事故が起きたとき、自治体職員が迅速に立ち入ることができるようにすること」「本当に効果のある騒音規制を実施すること」「在日米軍基地の整理・縮小・返還を促進すること」になります。

渉外知事会会長の黒岩祐治神奈川県知事も、「この提言は、米軍基地のない自治体も参加したもので意義深い。渉外知事会としても連携したい」と発言しました。渉外知事会は、米軍提供施設等が所在する一五の都道府県で構成されています。当然ですが、小池都知事も「地位協定の見直しと在日米軍基地の返還」に賛成したということになります。

全国の知事全員が「地位協定の見直しと在日米軍基地の返還」を公に提言したことは重要で、対米自立に向けて一歩前進と言えるでしょう。

本書の最後で対談している元外交官の孫崎享氏も、「知事の方々が地道な活動を続けてきた結果です」と喜んでいましたが、私も同じ意見です。せっかく全国知事会が地位協定の見直しを提言したのだから、ぜひともこの動きをさらに前に進めていこうと考えています。

●日本のマスコミと外交の正体

ところがこの全国知事会の提言に対し、新聞やニュースなどの扱いはあまりに少ないように感じます。いや、この件に限らず、もともと私は日本のマスコミの報道姿勢に懐疑的です。

前述したオスプレイの事故率にしても、本当のことをつかむのはなかなか難しいものです。米国政府や米軍が出す数字にどれだけの信用性があるのか、それを日本政府が自分たちの都合のいいように加工して国民に知らせているのではないか、とても疑問に思います。

だからこそ、マスコミが真実をつかんで発表する。この調査報道がマスコミ本来の役割のはずです。

しかし、たとえ政府の隠蔽をマスコミがつかんだとしても、報じることはほとんど期待できません。もしくは「首相！　本当はどうなんですか？」というような鬼気迫る追及も期待できません。自民党に嫌われたらネタを回してもらえなくなったり、出入禁止になって活動に支障が出るので、どうしても権力に迎合するようになってしまう構造があるのです。

株式会社NOBORDER NEWS TOKYOの代表取締役などを務めている上杉隆氏は、日本のマスコミの報道姿勢に対して『伝統と革新』(平成三〇年三〇号、たちばな出版)で苦言を呈しています。上杉さんの経験を追いながら、日本政府と外務省、マスコミの姿勢を考えてみたいと思います。

平成三〇年六月、米朝首脳会談がシンガポールで開催されました。米国と北朝鮮の首脳が、直接顔を合わせるのは史上初のことです。

上杉さんはNOBORDERのチームでシンガポールに乗り込みました。世界中から四〇〇〇名ほどのマスコミが集まっていましたが、会談が行なわれたカペラホテルにすべてのマスコミが移動できたわけではありません。さらにトランプ大統領の記者会見のインナーサークルスペースには、ホワイトハウスのスタッフが選んだ三〇社ほどしか入ることができません。このインナーサークルスペースに入ることができた日本のマスコミは、何とNOBORDERだけだったそうです。

ホワイトハウスのスタッフがNOBORDERを選んだ理由は、二年も前から関係をつくってきたからだと上杉さんは説明しています。逆に言えば、ほかの日本のマスコミは細かい人間関係の構築ができず、そういう努力をしてこなかったということです。

上杉さんがホワイトハウスのスタッフに、「今回の会談で、日本はどういうところで役に立ちましたか?」と訊くと、みんな首を捻ったといいます。なかには笑う人もいたというのです。「米朝会談の報道で、日本のメディアは『米朝の橋渡しを日本がやった』という感じの報じ方をしました」「日本が橋渡ししたことにしたいから、外務省がやったふりをし、日本のマスコミもやったように伝える。日本語が通用する国内だけで、そのようなフェイクニュースが流れる」と上杉さんは語っています。

米朝首脳会談の報道姿勢は、象徴的な例と言えるのではないでしょうか。何の裏取りや検証もせず、ただ役所から下りてきた情報を垂れ流す。これが「日本の外交とマスコミの正体」であると私は思っています。

情報化社会の現代で、いまだに日本政府とマスコミは、大本営発表をグルになってやっています。知る権利があるのだから、私たちはこういうフェイクにもっと敏感になるべきですし、とても危険な状態だと気づくべきです。

●マスコミを政権中枢に従属させる構造

政権中枢とマスコミの関係は、いろいろな状況を経て現在に至っているわけですが、その中でも小泉政権下において、すなわち平成一三(二〇〇一)年から平成一八(二〇〇六)年のあいだで、とくにおかしくなったと私は考えています。小泉純一郎首相が得意とし、国民にもてはやされた〝劇場型政治〟でマスコミは何も言えなくなり、ネタ仕入れのために情報従属ができあがったのではないでしょうか。国民の注目を引く彼の言動はマスコミには最上級の〝ネタ〟であり、ネタ元である政権と距離が近いことは、マスコミにとって重要なことです。

また、小選挙区制度もマスコミの政治従属をつくったと思っています。小選挙区制度は、平成六（一九九四）年に成立した改正政治改革関連法によって衆議院議員選挙に導入されましたが、いわゆる死に票が出やすく、大きな政党に有利な制度です。そればかりではなく、小選挙区制度は候補者の知名度など政策以外の部分で当選・落選が左右されるので、民意が反映されにくく、政治がマスコミを抱き込む構造を生みやすい制度なのです。こうした背景から政治が一点集中すると、記者クラブの出入禁止などを怖がって、マスコミの忖度が強くなります。

このようにしてマスコミが政権中枢の悪行に肉薄できない状況が、小泉政権下において自然とできあがったと考えます。

つけ加えておくと、ＳＮＳの発達もマスコミの政治従属に無関係とは言えません。

もちろん、ＳＮＳは自分の意見を世間に発信できるすばらしいツールです。ところが、自分で政治に関する情報を集めたり、政治に対する自分の意見を発信したりできるようになったことで、意見が分散される。そういう状況が新しく出現したのです。

ＳＮＳにおける自分の範疇だけで、「自分はこう思う」「いや、それは違う」と語り合ったり、盛り上がったり炎上しているだけで、政治を批判する大きな塊が育ちづらい分散された社会。

これが現代です。ある一つの意見のもとに集まって、国民の大きなパワーが生まれにくい時代です。

たしかに、安保法制審議の際、一時的に国会を取り囲んでいたSEALDs（自由と民主主義のための学生緊急行動）などはSNSをうまく活用した組織でしたが、現実は、このような組織が生まれて育つよりも、「分散された状況」のほうが何倍も大きいわけです。政治はこの「分散された状況」を分析していて、うまく利用しているようです。

平成三〇年六月、麻生太郎副総理兼財務相は、新潟県新発田市で講演をしました。このとき、自民党支持者に一〇代から三〇代が多い状況を指して、「新聞を読まない世代だ。新聞を読まない人は全部自民党を支持するんだ」という発言をしました。この発言には、自民党や自分を批判する新聞報道への皮肉が込められていたのでしょう。ただそれだけでなく、「かつては新聞が政権批判の結束力を生んだ。それがネットの時代になって新聞離れが始まり、結果として国民の結束力がなくなった。だから自民党に有利な時代だ」と解釈することもできます。

新聞を読まない世代というのは、新聞を信用していないわけではありません。新聞は信用しているが、新聞よりもネットの記事を読んで自分で発信する。そういう人がどんどん増えて、自民党に有利な「分散された状況」になったということです。

3　なぜ、危ないオスプレイを何機も買うのか

●着々と配備されるオスプレイ

話をオスプレイに戻します。平成二四（二〇一二）年、普天間基地に米海兵隊仕様のオスプレイMV22が配備されました。そして平成三〇（二〇一八）年四月、横田基地に米空軍仕様で特殊作戦を担うオスプレイCV22が先行して五機飛来し、一〇月にはその五機が正式に配備されたのです。

特殊作戦を担うCV22は、敵地に潜入して人質の奪還や運搬に用いられるため、夜間飛行や地形に沿った低空飛行、さらに小銃や重機関銃の射撃訓練などの危険な訓練をMV22よりも多く行ないます。

ところが、防衛省は「いつ、どこで、どのような訓練が行なわれるかは、米軍の運用のため、分からない」という態度を示しています。

横田基地への配備は、二〇一九年一〇月から二〇二〇年九月にかけての予定でしたが、東アジアの情勢をにらんで前倒ししたということです。オスプレイ一〇機が横田基地に配備されると、それにともなって要員も約四五〇人増えることになります。

米軍だけではありません。自衛隊もオスプレイを導入していきます。

防衛省は二〇二一年度までに、オスプレイ一七機を佐賀空港に配備するとしています。

どうして佐賀県かというと島嶼《とうしょ》防衛のためです。尖閣諸島を含む南西諸島を守るために、一機約一〇三億円もするオスプレイを一七機も購入するわけです。

この計画には、漁業関係者が反対していることもあり、国は着陸料として佐賀県に年間五億円、二〇年間で一〇〇億円を支払い、この着陸料を環境や漁業関係などに使う方針を打ち出しています。

オスプレイ配備の必然性は、速やかに即応態勢ができること、そのことから生じる抑止効果の高さが挙げられています。オスプレイを配備すれば、中国は尖閣諸島へのチョッカイをあきらめるだろうと考えての計画なのです。

●オスプレイに抑止効果はあるのか？

この抑止効果に対して、私は懐疑的です。

そもそも、尖閣諸島の魚釣島を中心に周囲一一キロの島々をもし中国が奪いにきても、占領し続けることは不可能です。燃料や物資の補給だけを考えても、軍としてこの場所に居続けることは非常に困難で、短期間占領することはできても、何年も居続けることはできません。こんな基本的なことは、米軍も自衛隊も、もちろん中国軍も知っています。

政治的な牽制の意味で中国軍が尖閣諸島に来ることはあっても、本気で占領し続けることはあり得ず、もしそれで失敗したら中国国内で政権が崩壊します。そんな冒険を中国はしないと確信しています。だから私は、政府の「尖閣諸島を守るための抑止効果として、オスプレイは必要だ」という説明は詭弁だと考えています。

オスプレイは航続距離と最大速度に優れているので、横田基地は小笠原諸島まで視野に入れて、佐賀空港と普天間基地は南西諸島をはじめ尖閣諸島を視野に入れて配備する。この政府の説明には一定の根拠があります。それは我が国の地理的特徴です。起伏が多く、細長い、これに適するのがオスプレイということなのです。

いずれにせよ実際は、軍産複合体の「兵器をどんどん買うこと」という指示が米国の国防総省から日本の防衛省にあって、政治マターとして日本は受け入れているだけです。米国は「日本の島々が危ない」と煽って、購入する理由をでっち上げているだけなのです。

これは、陰謀論でもなんでもありません。日米の間に厳然と存在する、政治的なシステムに起因する現実的な話なのです。

4　FMSという悪魔的システム

●不平等契約で米国から兵器を買う日本

皆さんは、「FMS」という言葉をご存じでしょうか？

日本が米国から武器や兵器などの防衛装備品を購入する場合、ＦＭＳ（Foreign Military Sales 対外有償軍事援助）と呼ばれる契約方法が、昭和三一（一九五六）年から用いられています。

ＦＭＳは、米国が同盟国や友好国に防衛装備品を売るときに用いる契約方法ですが、その条件は横暴で、不平等契約と言えるものです。

まず、米国防総省が米国の製造会社と日本を仲介します。この仲介料として米国政府は、契約額の三・五パーセントを得ています。

加えて、ＦＭＳは前払いであることもポイントです。米国は為替変動などを見込んで高めに見積もっているのですが、日本は米国が提示する条件を受け入れなければなりません。税金で買うので、高く見積もられても担当者は誰も損はしない。よくあるパターンです。

この結果、年間で数十億円の余剰金が発生するのですが、その返還は先送りが常態化しています。平成二九年度末時点で前払い金の精算をしていない取引が、一〇〇〇億円を超えると言われています。

さらに驚くのは、日本には防衛装備品を選択する自由がなく、米国が指定するものしか購入できないシステムであることです。このため自衛隊には、ソフトウェアのバージョンアップがなされる前の型落ちの戦闘機などが配備されることになるのですが、日本政府は米国の言いなりで購入するので、自衛隊の現場が求めている装備品は導入されません。

米国から入ってくるものがすべてダメだと言っているわけではありません。かつて世界最強と呼ばれた米軍の攻撃ヘリコプター、ＡＨ64Ｄアパッチ・ロングボウなども自衛隊に配備されています。ところがこのＡＨ64Ｄにしても、問題がなかったわけではありません。

陸上自衛隊は平成一八（二〇〇六）年度からＡＨ64Ｄの納入を開始しました。しかし同タイプのＡＨ64ＤブロックⅡの生産が米国で終了したために、陸上自衛隊は平成二〇（二〇〇八）年で調達を打ち切ります。これを受け、当初は六二機の導入予定でしたが、最終的に一三機に留まりました。

しかし、残りの調達費に分割されるはずだったライセンス生産料金や設備投資費用などが上乗せされて、ＡＨ64Ｄは一機二一六億円にまで高騰します。さらに、日本国内でライセンス生産をしていた富士重工は、計画通りの発注がなかったためボーイング社に支払ったライセンス生産料金や設備投資費など約四〇〇億円が回収できなくなり、国を提訴する事態にまで発展しました。

その他、ＦＭＳでは、米国の利益が損なわれる場合、米国は契約を一方的に解除できることなども定められています。

ＦＭＳが通常の売買と大きく違うのは、売買条件が米国によって定められていることの他に、米国が安全保障政策の一環として行なっている有償援助であることが挙げられます。そのため、米軍と購入国が同じ防衛装備品を同じ時期に導入する場合は、優先的に米軍に配備されます。

また、複数の国が同じ装備品を希望した場合、米国が決めた順番に購入しなければなりません。購入国同士が話し合って順番を決めることはできないのです。兵器輸出の原則として「自国と同じ性能の兵器は輸出しない」ことがあるのですが、考えてみれば当然で、その相手国と戦争になった場合、自国に有利な状況をつくるためです。

このような異常な契約方法が当たり前になった背景には、冷戦があります。

簡単に言えば、ＦＭＳは冷戦時代、日本が東側陣営から攻撃を受けたときに対処できるよう、米国が「軍事支援をしてあげます」といって導入したシステムなのです。米国としては、日本が東側陣営に屈してしまっては困るし、同時に武器を売りつけるチャンスでもありました。米国の根本思想は「国益保護」なので、冷戦が終わっても「防衛装備品を売りつける」という部分がそのまま続いているわけです。冷戦時代のシステムがそのまま現代の日本にまかり通っている事実を、日本国民は重く受け止めなければなりません。

●自衛隊の暗号さえも米国が管理

理不尽なＦＭＳでも、百歩譲って国防のためになっているなら目をつぶることもできるでしょう。ところが、ＦＭＳで購入した米国製の防衛装備品を自衛隊が有意義に使っているかといえば、そうではありません。

航空幕僚長を務めていた田母神俊雄氏によると、「イージスシステムやミサイルシステムにおける中枢のシステムウェアなどは、自衛隊に開示されていない」ということです。

また、敵と味方を判別する識別装置やデータ交換装置では暗号が用いられていますが、暗号のシステムは米軍が管理していて、自衛隊が独自に暗号を作成することはできないと田母神氏は教えてくれました。もし、暗号を変更しそれを米軍が自衛隊に教えなければ、装置は停止して無用の長物になってしまうのです。

秘密情報の管理システムも暗号と同じように米軍主体です。たとえば、無人偵察機ＲＱ４グローバルホークが、二〇一九年度末に三沢基地に配備される予定になっています。

ＲＱ４は、情報収集・監視・偵察機能を備えて、一万メートル以上の高空を三〇時間以上飛び続けることができます。また、映像情報、信号情報、移動目標追跡情報などを、ほぼリアルタイムで提供することができます。高性能の赤外線センサーやレーダーを搭載していて、昼夜を問わず地上のゴルフボールも識別することができるすぐれた無人偵察機です。

ところが田母神氏の説明では、ＲＱ４で集められたデータの解析は、その処理方法に米軍の機密情報が含まれているという理由で、米国の企業だけが行なうということです。自衛隊はいちいちデータ解析を委託しなければなりません。何とも信じられない現実です。

さらに言えば、このとき自衛隊に返されるデータは一〇〇パーセントではありません。米国に都合の悪い情報や日本に知られたくない情報は削除されて返却されます。

さらに現場レベルで言えば、修理部品や修理エンジニアにいたるすべてが、米国の管理下に置かれています。

平成元（一九八九）年から海上自衛隊は、ＭＨ53Ｅ大型輸送ヘリコプターの取得をＦＭＳで開始しました。ＭＨ53Ｅは、海の機雷除去を得意とするヘリコプターですが、ＦＭＳで導入したので予備パーツすら日本国内で生産することができず、いちいち米国に注文しなければなりません。結局、部品の納品遅れのため、ＭＨ53Ｅの稼働率は四〇パーセントというあり様でした。

ムダの多さも問題です。たとえば現在、二基で最大六〇〇〇億円をかけて、二〇二三年の運用を目指し、地上配備型ミサイル迎撃システムのイージス・アショアがＦＭＳで導入される予定です。イージス・アショアは、陸上施設にイージス艦の能力を設置するもので、日本海側に二基配備すると、北海道から沖縄県まで、北朝鮮の弾道ミサイルを迎撃できると想定されています。

ところが、日本はすでに二〇二一年度にイージス艦八隻の配備を決めているので、イージス・アショアの導入に対して必要性が疑問視されています。イージス艦かイージス・アショアのどちらかが配備されていれば防衛として問題ないという意見が正しければ、これほどのムダがあるでしょうか。

ちなみに、陸上自衛隊は地対艦ミサイルなどの一部の兵器だけをＦＭＳで買っています。一方で、海上自衛隊と航空自衛隊は、主力兵器のイージス艦や主力戦闘機のほとんどをＦＭＳで購入しています。田母神氏は、平成三〇年九月一一日、第一九五回一水会フォーラムにおいて次のように発言しています。「私の経験上言わせてもらえば、政治決定で導入された兵器は常に値段が五倍以上に跳ね上がります。イージス・アショアは当初一基一〇〇〇億円と言われていましたが、最終的には五〇〇〇億円以上で買うようになるのではないでしょうか」

防衛省は二〇一九年度予算の概算要求を、過去最大の五兆二九八六億円とすると決めました。「これで日本の国防も安心だ」と思う向きもあるかもしれませんが、肝心なのはその中身です。ＦＭＳのような理不尽なシステムで無駄に高い買い物をしているという事実が、増大する防衛費の背景にあることを、国民は知らなければなりません。

●国内に軍需産業が育たない

戦後、自衛隊は米国の軍需企業から図面を購入し、それをもとにライセンス方式で戦闘機などを国内製造してきました。米国企業が開発した戦闘機の設計や製造技術を、ライセンス料を支払って取得し、日本国内で製造するという方法をとっていたのです。

この方法だと、完成品を購入するより高コストになってしまいます。しかし、いずれ法律やシステムが変わって、日本国内で純国産の戦闘機を製造できる日が来ることを想定し、コストが高くなってもノウハウを蓄積しておく、いわゆる先行投資として考えられていたのです。

航空自衛隊は三菱重工業に委託して、昭和五二（一九七七）年に国産の支援戦闘機Ｆ１の量産を開始させました。ところが後継のＦ２の開発の際、米国政府から「日本企業だけに任せられない」と横やりが入り、共同開発になってしまいます。

当時は中曽根政権で、日本経済が米国経済を圧倒していた時代でした。経済的に力をつけた日本が、その勢いで軍需産業を拡大させてはたまらない。そう思った米国政府は日本政府に外圧をかけて、「国内開発路線」を阻止したのでしょう。

航空自衛隊は国内開発を主張しましたが、中曽根政権は「日米一体」を唱えて、ジェラミル・ダイナミクス社のＦ16をベースにした共同開発機を次期戦闘機として選定します。ライセンス生産から始まり量産に至った内製化の流れは、ここで断ち切られてしまったのです。以降は、日本経済の衰退もあって、コストを重視して完成品を米国から購入する流れが定着します。

自前の兵器調達を見据えた際、とりわけ私が重大な問題と考えているのは、米国技術者の独占システムです。

ＦＭＳでは、購入した防衛装備品の維持や管理が、米国の技術者しか扱えない独占システムになっています。これは、技術者の生活費も日本の税金でまかなわれているというのですから、まずもって経費のムダなのですが、何より、このシステムだとノウハウが日本に蓄積されません。日本の技術や技術者が育たない環境を、米国は計算しているのです。

もちろん、本当は兵器などこの世にないほうがいいに決まっています。しかし、日本や米国をはじめ世界を見渡せば、兵器のない世の中の実現はまだまだ先の話です。将来の軍縮のために、まずは現状の軍備を最適化することが重要です。

ＦＭＳから自立して、日本国内で兵器の計画から製造、管理まで行なえるようになれば、何が本当に必要で何が不要なのかを日本で判断できるので、ムダは減るはずです。また、自衛隊の現場の意見も反映されるようになれば、なおさらムダは減るはずです。

ＦＭＳとは、米国の軍産複合体が戦争や紛争を誘発して武器を売る悪魔的なシステムです。そのシステムに、日本は唯々諾々と従っているのです。一刻も早くこの状況を見直し、せめて半分は国産にして、技術を育てるべきではないでしょうか。

●イスラエルのＦＭＳへの対応

ＦＭＳの横暴さは、米国の同盟国すべてに行なわれているわけではありません。イスラエルも米国と同盟を結んでいますが、ＦＭＳで購入する際は機種を指定しています。さらに米国以外の国からも兵器を購入したり、自分の国で開発も行なっています。このような例を知ると、日本の対米従属の異常さがわかります。

イスラエルは、過去に四度の中東戦争で周囲のアラブ諸国と戦い、近年ではレバノンの軍事組織ヒズボラやパレスチナのハマスと交戦しています。いかなる理由があるにせよ、私はこのような軍事に訴える姿勢を認めませんが、いずれの戦争も米国の助けを借りずに自国で防衛しています。日本のように米国に依存して植民地化されていない点は評価できます。

とにかくイスラエルは、戦場での経験をもとに、米国製の砲身や弾倉、ボルトを調達する一方で、フィンランド製のレシーバーを入手するなど主体的に研究を重ね、純国産のガリルライフルを開発します。

イスラエル軍は世界のなかで一〇位から一五位ほどの軍事力を誇っていますが、その軍事力は米国の軍事援助でつくられているわけではありません。自国の兵器で自国を守っているのです。

くり返しますが、私はイスラエルの軍事姿勢を評価しているわけではありません。しかしイスラエルに学ぶ点があるとすれば、米国の助けを借りずに自国で主体的に防衛する姿勢ではないでしょうか。

5　トランプ時代の世界情勢をどう見るか

●トランプ大統領と軍産複合体の関係は？

ＦＭＳのようなシステムで膨大な利益を得るのは、米国の軍需産業です。ロッキード・マーティン社（元ロッキード社）やダグラス・エアクラフト社、レイセオン社などの軍需企業が、米国の国防総省に食い込んでいる可能性は十分に考えられます。

この状況に対して、実はトランプ大統領は軍産複合体と戦っている可能性があると、私は考えています。

なぜかというと、二〇一八（平成三〇）年一一月の中間選挙を意識してやったことであっても、やはり米朝首脳会談は、これまでの米国政治の流れからみれば異質だからです。

米国の軍産複合体の立場としては、「北朝鮮は危険、制裁すべき」という構図のままでいるほうが商売になります。歴代の大統領であれば、軍産複合体の圧力に屈して米朝首脳会談は実現しなかったでしょう。

中国との関係では、関税の引き上げ合戦で経済的に摩擦が生じていますが、軍拡競争に走ろうとはしていません。軍産複合体は不満を感じているのではないでしょうか。

トランプ大統領は、二〇一八年三月、日本の外務大臣に相当する国務長官、ティラーソン氏を更迭しました。一見、トランプ大統領の子どものようなわがままで体制が混乱していると思えます。しかし、見方を変えれば、従来の政治の流れや体制に従おうとしない意思、とくに軍産複合体に対して従順さはない、ということが読み取れないでしょうか。

かといって、トランプ大統領は軍事的圧力をすべて放棄しているわけではありません。

在イスラエル米国大使館をテルアビブからエルサレムに移転したり、イラン核合意からの離脱などは局地戦を誘発するものなので、軍産複合体は喜んでいるでしょう。トランプ大統領は、軍産複合体をうまくコントロールしているのです。

●トランプ大統領が掲げた「米軍撤退」は実現するか？

トランプ大統領といえば、選挙戦で掲げた「駐留米軍経費の全額負担を日本に求める。要求に応じなければ米軍撤退を検討する」という主張が印象的でした。

昭和五三（一九七八）年から日本は、在日米軍の駐留経費を自主的に負担し続けています。いわゆる思いやり予算ですが、日本が負担しているのは、毎年一九〇〇億円前後の思いやり予算にとどまりません。米軍関係経費の主な費目は、①在日米軍駐留経費（思いやり予算、基地周辺対策費、基地交付金、土地の賃料など）、②在日米軍再編経費、③SACO（沖縄に関する特別行動委員会）経費からなっており、たとえば平成二九（二〇一七）年度予算では、三つの合計が三九八五億円となっています。

トランプ大統領は思いやり予算のことを知っていて、選挙戦で「米軍撤退」を主張したのかどうかはわかりません。しかし撤退させるなら、それはそれでいいと思います。

というのも、そもそも主権国家は自主防衛が基本だからです。在日米軍がなくなるなら、日本独自で国家安全保障をやっていけばいいというだけの話です。

もし、米軍が極東も手放すというのであれば、日本が極東の安全を考えていくという方法もあります。ただし、在日米軍の軍事代行を自衛隊が担うことになるので、あくまでも一時的な政策に留めるべきでしょう。

基本的には軍縮が理想です。ですから、アジア諸国の軍事を連携して同時に下げつつ、アジアの現状に適したアジア不戦条約を各国と結ぶという政策を進めるべきです。軍縮に向かう条約を日本が提案していくわけです。

未来予想図としては、「アジア集団安全保障」の実現が理想です。

●アジア集団安全保障のために自衛隊を国軍に

日本は中国、韓国、北朝鮮、ロシアとそれぞれ外交問題を抱えています。それらの問題を一つひとつ解決して、アジア諸国をまとめるなどムリだという意見は多いでしょう。ましてアジア集団安全保障となると、「日本の軍国体制復活をアジア諸国は怖がっているんだから、それはムリだ」と、一笑に付す人もいます。

実際、アジア諸国には、「いずれ日本は軍国体制を復活させるだろう。警戒しておくべきだ」という主張はたしかにあります。日本の軍国体制を抑えつけているものが、日米安保条約なのだという論理です。日米安保条約は「瓶のふた」で、この瓶のふたがあるからこそ、周辺国は安心していられるという考え方です。

仮にそうであるなら、瓶のふたが取れたときに、「お互いに軍縮に向かいましょう」と日本が率先して提案する。「瓶のふたという考えは間違いだった」とアピールするわけです。不安視していた国が、「日本は平和主義だ」と理解してくれることで逆に結束力が生まれ、アジア諸国の発展や平和への方向がつくられると私は考えています。欧州安全保障協力機構（OSC

E）のように、軍事だけでなく、経済や環境、生存権なども含めた内容で、「アジアに適した共同認識戦略」という趣旨の相互認識がまず必要です。

在日米軍は複雑怪奇です。日本を守ってくれる抑止効果があり、日本の軍事力強化を抑える瓶のふたでもあります。ところが、自衛隊を引き連れて紛争地に出動もします。こんなに矛盾したやっかいな存在を、米国が自ら「撤退させる」のは、むしろ願ったりかなったりではないでしょうか。日本は自主防衛という主権国家の基本姿勢を保ちながら、軍縮に向かえばいいだけの話なのです。

自主防衛と軍縮は相反する政策だと思うかもしれませんが、日本だけでなく各国がお互いに矛先を下げていけば、自主防衛を保ちながら軍縮することは可能です。

私が考える「自衛隊を国軍に」とは、自衛隊を強力にして国軍に昇格させるという意味ではありません。軍縮に向かう過程のなかに位置づける国軍です。

いまの日本では軍縮すら自由にできません。軍縮のために日米安保条約と日米地位協定を破棄して、軍縮のために在日米軍に撤退してもらい、軍縮のために憲法を改正して自衛隊を国軍にするのです。

6　憲法改正、私はこう考える

●天皇陛下は世界平和を希求されている

先にも述べたように、日本から米軍が撤退し、改憲して自衛隊を国軍にするとなったら、中国や韓国などは警戒するのではないかと思う人もいるでしょう。さらに、アジア集団安全保障を「大東亜共栄圏の復活」と考える人もいるかもしれません。

日本が大東亜共栄圏を唱えたのは、一九四〇年代初頭から敗戦までで、当時と今はまったく状況が違います。現在、アジアの国々は独立した国家で、日本と対等の存在です。逆に言えば、「対等な国家同士」という意識が日本に欠落していると、アジアから見放されて孤立するだけです。過去の植民地政策は誤りだったという教訓のもと、今後の糧にできなければ、日本はアジアどころか世界からとり残されて、一気に衰退するだけです。

また、「アジア諸国と良好な関係を築く」というと、「米国の傘下から中国の傘下に移る」と考える人がいるようですが、それは思い違いです。米国から自立してアジア諸国と世界平和を求めていくという意味で、中国の傘下に入るわけではありません。

要するに、日本が主権国家として自立し、世界平和を求めるということなのです。さらに言えば、私の思いは「天皇陛下の大御心はここにあるのだ」ということです。

天皇陛下は世界平和を希求されています。しかし、戦前の日本の体制が目指した「欧米に追いつけ追い越せ」という思想ではそれを実現できず、アジア諸国を不幸にしてしまった。だからこの教訓をもって、今後、日本は健全なかたちで世界平和を求めていくべきである。これが私の思いです。

●再び「樋口レポート」に脚光を

日本国憲法第九条の一項と二項の内容を変えて、自衛隊を国軍とすべき。これが私の持論ですが、第九条に手をつけることに日本人は神経質になりすぎていると感じます。

私は外国の方々、とくにフランスやドイツ、ロシア、イラクの人たちと話をする機会がありますが、日本国憲法第九条を知っている人はほとんどいません。「世界の監視が甘くなると、日本は軍国体制にもどるだろう」と考えている人もいません。もちろんこれは、何かのデータをとったわけではなく、私が話をした人という限定された範囲のことですが。

むしろ、海外で私が交流してきた人たちは、「広島と長崎に原爆を落とされていながら、どうして日本は米国の下にいるのか」と不思議に思っています。第九条は知らなくても、対米従属はわかるのでしょう。

「いま日本は、戦後初の改憲で揺れている」と説明すると、「憲法を改正して軍隊を大きくしても、日本人に理念があればそれでいい。それは日本人が選択すること」という至極当然な意見が返ってくるだけです。

そうは言っても、やっぱり憲法改正は日本人にとって重たい選択です。これを考えるうえで、忘れてはならない動きがありました。

平成六（一九九四）年、冷戦後の国防を検討するために、細川護熙首相は私的に防衛問題懇談会を開きました。懇談会の報告書『日本の安全保障と防衛のあり方』は、村山富市首相に提出されます。自衛官の定数を二七万四〇〇〇人から二四万人に減らす。東側諸国との衝突を想定した自衛隊を終わらせ、人工衛星を使った情報収集を行なう。弾道ミサイルからの防衛を構想するなど、時代を的確にとらえた内容でした。

『日本の安全保障と防衛のあり方』は非常にレベルが高く、アサヒビールの樋口廣太郎会長が懇談会の座長だったことから、「樋口レポート」と呼ばれました。

米国の軍事的・経済的影響に組み込まれることなく、自立した日本の立場で軍縮に向かい、アジア諸国との協調を図るという内容であり、現在でも憲法改正を考えるうえで参考になります。

当時、樋口レポートを危険視した米国は、日米同盟の再定義を日本に迫り、それを受けて日米間の政策協議が行なわれました。結果的に日本政府は「95防衛計画の大綱」で、日米同盟重視の姿勢を明らかにします。冷戦が終わって日米関係を正常にするチャンスをつぶしたのです。

このような大きな流れのなかで、平成一三（二〇〇一）年から小泉政権が始まって米国依存が膨張し、かつての「対ソ連」に代わって「北朝鮮と中国の脅威論」が出てきたわけです。

日米同盟の再定義によって樋口レポートは闇に葬られ、インターネットで検索するとヒットするものの、「もっと研究されてもいいのに」と残念になるばかりです。オスプレイが配備され、憲法改正が検討されている現在、樋口レポートを再考しなければならないと思います。

●憲法改正は安保条約を破棄してから

小泉政権後、民主党政権を挟んだものの、現在の安倍政権になって対米従属は膨張する一方です。要するに、対米従属のなかで憲法が改正されようとしているわけです。

どう考えても、安倍首相が主張する「第九条一項と二項を残しつつ、自衛隊を明文で書き込む」という改正は危険です。安倍首相の案では、自衛隊は米軍の実質的な下部組織になってしまいます。やはり安倍政権での従米改憲には反対せざるを得ません。

憲法第九条を改正するなら、その資格は、「日米安保体制と対米従属から脱した政権」にだけあると私は考えています。日米安保条約で米国に管理された状態で第九条を改正しても、それは結局、日本国民のための改正ではなく、米国の軍産複合体のための改正になってしまいます。日本国憲法よりも上位に置かれた日米安保条約と日米地位協定を破棄して、真の主権国家として国づくりの方針を固めた後に憲法を改正する。この道筋しか考えられません。

この過程を経て、やっとヤルタ・ポツダム体制を克服できるわけです。もともとヤルタ・ポツダム体制から導かれた安保体制なので、憲法改正は歴史的観点から考えるべきなのです。

歴史的に考えることは重要で、米国が日本にこだわる理由も明確に見えてきます。

まず一つ目として、地理的条件があります。米国がアジア大陸を考えたときに、日本はちょうどよい中継場所になるわけです。黒船が来航した目的もここにありました。

二つ目として、日本人の気質があります。とても従順で、米国人には扱いやすい国民性です。戦後、経済的に発展する日本を黙認したのは、「太らせた豚を食べるため」です。豚はおとなしくて飼育しやすく、飼い主に逆らうこともないので食べやすいと考えたのでしょう。

そして三つ目は、日本人がもつ欧米に依存したい感覚が、米国を安心させ続けてきた。そういう歴史があります。

国際外交問題を扱う弁護士の猿田佐世女史は「自発的対米従属」という言葉を使っていますが、日本人が自分から米国に従属しようとしている。米国に依存することで幸せを得られる。そう考えている日本人が大勢いるわけです。

戦後の占領政策のなかで米国は、この「欧米に依存したい感覚」を意図的に日本人に植えつけました。まさに洗脳です。その後も洗脳は解けることなく、七〇年間で日本人の心の中に完全に根をおろしてしまいました。

たとえ在日米軍が事故や事件を起こしても、日本は豊かだし戦争もないし、現状のままでいいじゃないか。これが国民感情です。ヘタに米国から自立して何かあったらどうするんだと、多くの国民が現実を見つめて考察することなく短絡的に思っている。米国の洗脳でこういう国民性にされてしまったのです。

その半面、経済的に豊かなので、アジアの貧しい国に工場をつくって現地の人たちを低賃金でこき使う。米国という親分の背中に隠れて、いばっている子分という感じです。

●ＮＰＴの独占体制は核保有国をのさばらせるだけ

親分子分で思い出すのは「米国の核の傘」です。親分が差し出した核の傘の下で、何も考えずに安心している子分。こんな状態がいつまでも続くと思うべきではありません。

もし、在日米軍が撤退したら、日本は核武装すべきなのでしょうか。

そもそも核兵器は、ＮＰＴ（核兵器不拡散条約）によって世界的に管理されています。ＮＰＴでは、米国、ロシア、イギリス、フランス、中国の五ヵ国を核兵器保有国とし、非核保有国が核兵器を持つことや、保有国が非保有国に核兵器を与えることを禁止しています。

ＮＰＴは一九一ヵ国が加盟している世界規模の条約で、日本は昭和五一（一九七六）年に批准しましたが、私はＮＰＴのあり方そのものに賛成できません。ＮＰＴの独占体制は、核保有国をのさばらせるだけだからです。核戦争を抑止する目的よりも、逆に、核保有国に屈することを良しとしない国を核武装に走らせる内容だと思っています。たとえば、北朝鮮はＮＰＴを脱退して核武装をしました（一九九三年と二〇〇三年に脱退表明）。核戦争の抑止力になっているとは思えません。

もし、日本がＮＰＴから離脱して核武装することになったら、いちばん脅威に感じるのは広島・長崎の報復を恐れる米国でしょう。米国は、日本が核武装しようとしたら、最終手段として「日本の電力を止めてしまう」という脅しをしていると、内閣の原子力研究者から聞いたことがあります。

核保有国があるかぎり、何かのきっかけで冷戦のときのように核の拡大をエスカレートさせてしまうはずです。だから、世界全体で通常兵器だけに限定して、なおかつ軍縮していくことが絶対に必要なのです。

核兵器による不幸を根絶するために、先頭に立って「ノー・モア・ヒロシマ、ノー・モア・ナガサキ」を全世界に訴えていく。これこそが、未来の日本のあるべき姿です。

第4章　裁かれていないアメリカの戦争犯罪

1　「トモダチ作戦」をめぐる思惑

●東京電力を訴えた米兵四〇〇人

「トモダチ作戦」という言葉を覚えているでしょうか。平成二三（二〇一一）年三月一一日に発生した東日本大震災に際して、米軍が行なった災害救助活動の名称です。

作戦司令部を横田基地に置いて、海兵隊をはじめ陸軍、海軍、空軍が自衛隊と連携し、空港や港、学校などの施設の復旧や救援物資の提供、行方不明者の捜索などを行ないました。動員された米兵は二万人以上、艦船は約二〇隻、航空機は約一六〇機が投入されました。

東日本大震災発生から二日後、米国のサンディエゴから韓国に向かっていた米軍原子力空母のロナルド・レーガンが、急遽進路を変えて被災地に向かいます。トモダチ作戦のためです。

ところが平成二四（二〇一二）年一二月になって、ロナルド・レーガンの乗組員八名が、米連邦地裁に損害賠償などを求める訴訟を起こしたと報じられました。福島第一原子力発電所事故の正確な情報を与えられず作業にあたったために被曝したというのです。東京電力に一億一〇〇〇万ドル（約九四億円）の損害賠償を求めるとしました。平成二八（二〇一六）年になると、原告は四〇〇人に増えました。四〇〇人という原告数に驚いた人は多いでしょう。

東北沖で救援活動を行なった際、事故を起こした福島第一原発の方向から海に向かって風が吹いていたため、放射性雲がロナルド・レーガンを直撃したというのです。乗組員たちは被災地とロナルド・レーガンをヘリで往復しながら救援活動を行ない、さらに放射能で汚染された海水（脱塩水）を飲食やシャワーに使用しました。このような中で被曝したという訴えです。

そして平成二八年五月、小泉純一郎元首相はサンディエゴを訪問して、訴訟を起こした元乗組員たちと面会しました。そこで涙を流すシーンもテレビで放映されています。

その後、小泉元首相は細川護熙元首相や城南信用金庫の吉原毅相談役らと、「トモダチ作戦被害者支援基金」を開始します（平成二九年五月終了）。当初の目標額は一億円でしたが、講演会の会費を寄付するという方法をとると、三億円の寄付が集まったそうです。被曝した元乗組員たちの治療費などのために米国に送金したという話です。

●トモダチ作戦、本当の目的

ロナルド・レーガンの乗組員が風や海水で被曝したというなら、そこにいた多くの日本人はどうなったのでしょうか。米兵の補償や健康被害も心配ですが、日本人の調査はどうなっているのか、とても気がかりです。

影響力のある小泉元首相がこの問題に関わるのは大いに結構なことですが、小泉元首相の動きには常に「胡散臭さ」がつきまとっているように思われ、私は大きな違和感を覚えます。

問題は、ロナルド・レーガンの乗組員がなぜ「被害者」になったのか、ということです。

私は当時の政府関係者に確認しましたが、ロナルド・レーガンが福島第一原発に向かったのは、日本政府が要請したからではありません。ジョン・ルース駐日米国大使から打診があったからです。

事の経緯はこうです。まず、米国務省日本部長のケヴィン・メア氏が震災前年の一二月、米国の大学生を対象に国務省内で講義を行ないました。このときに「沖縄県民は、ごまかしとゆすりの名人」などと発言していたことが、震災直前の三月七日に発覚します。沖縄県民を侮辱したことが報じられたのです。

このケヴィン・メア氏の発言で、日米関係の悪化が懸念された矢先に起きた東日本大震災でした。そこでトモダチ作戦です。トモダチ作戦は、米国にとってのイメージアップにして、ケヴィン・メア氏の発言隠しのチャンスだったわけです。

このような背景ありきのトモダチ作戦ですが、被災地の救援だけでなく、福島第一原子力発電所の事故状況と放射能漏れをモニタリングするという目的もありました。とくに米国企業の

GE製原発の事故状況とその影響の調査を中心に、原発内部の状況や放射能漏れを調べる任務があったのです。福島第一原発の事故は、米国にとって絶好の調査対象だったというわけです。

米軍は被曝の影響を認めていません。これを小泉元首相は、平成三〇（二〇一八）年に出版した『決断のとき――トモダチ作戦と涙の基金』（集英社、以下、『決断のとき』）のなかで、「兵士たちは入隊するとき、作戦終了後に健康被害があっても政府を訴えないことを文書で誓約している」と説明しています。

しかし、米軍の作戦として実行された以上、補償は米国防総省と米海軍に求めるのが当然です。逆に言えば、米軍に所属した兵士が作戦に臨めば、その結果は米軍が責任をもつのは言うまでもないことです。作戦で行なわれたこと、起きたことに米軍は関与しないとなれば、兵士は何を信じて危険に身をさらせばいいのでしょう。

ちなみに私は、震災発生から約二週間後、石巻市で支援活動を行ないましたが、実際に米陸軍が現地の小学校などで瓦礫を撤去している姿を目撃しました。ただし、災害地にはロシアの非常事態チームも入っていたし、さまざまな国が義援金や物資、人を派遣して支援してくれたのです。トモダチ作戦だけが特別ではありません。

●自立心の欠如と対米従属アピール

平成一八（二〇〇六）年、小泉首相はジョージ・ブッシュ米国大統領とのあいだに「新世紀の日米同盟」と題した共同文書を発表しました。

小泉元首相は『決断のとき』のなかで、「新世紀の日米同盟」を「アメリカという切り札」と表現しています。そこに記された「『クリーン・エネルギー開発』、つまり原発の推進と、『自然災害への対応のための能力強化支援』」をトモダチ作戦の根拠として、「災害支援を強化するのは当たり前、だから日本で災害が起きたら米軍に助けてもらう。当然のことだと思った」と述べています。「小泉は親米・媚米の枠を超えたしたたかな『活米』の名人」なのだそうです。

何という自立心の欠如でしょうか。私は、「こんな考え方の人が日本の首相をやっていたのか！」と驚いてしまいました。

現実はどうかといえば、小泉政権以降、対米追従は加速を続け、自衛隊は米軍につき従って紛争地に派遣されています。要するに、日本の災害を米軍に助けてもらう「活米」どころか、米軍の子分として自衛隊が活用されており、これでは「活米」ではなく「活自」ではありませんか。

私が感じる小泉元首相への「胡散臭さ」は、こういうところなのです。被曝米兵に対する感情移入や基金の設立は、本当にそう感じて動いていたのか、政治的な判断――小泉元首相はその時点で政界から引退していますが――からそうしているのかはわかりませんが、彼の行動からは、強烈な対米従属アピールを感じてしまいます。米国との関係を良好に保つことは重要ですが、数多くある外交課題の一つであり、何より主権国家として、従属関係を強化するようなものであっていいはずがありません。

●なぜ小泉元首相は靖国参拝をやめたのか

その他にも、小泉元首相に胡散臭さを感じる要因として靖国参拝があります。小泉氏は、首相在職中に六回も参拝しましたが、引退後は一回しか参拝していません。

平成一三（二〇〇一）年八月、小泉氏が首相として初めて靖国神社を参拝したとき、私は作家の野坂昭如さんと東京・桜上水の寿司屋で、テレビのニュースを観ていました。

テレビの画面に映し出された小泉首相は、「心ならずも戦地に赴き、命を捧げられた方々を追悼する」と言い放ったのです。野坂さんと私は、あまりの驚きに言葉も出ませんでした。そして私は、すぐに『週刊朝日』でこの言説を批判しました。まずもって、先の発言から参拝に誠意を持っているとは感じられません。そして、そもそも靖国神社というのは、大東亜戦争だけではなく戊辰戦争から日清、日露戦争の戦没者も含め、約二四六万六千もの方々が祀られているわけです。だから、その方々を含めて哀悼の意を表するならば、何も参拝を八月一五日に特定することはないのです。

政治家の靖国参拝は、保守層にアピールするために行われています。いわゆる票稼ぎです。その証拠に小泉元首相は、首相在職中に六回も参拝していたにもかかわらず、議員を引退し選挙に関係ない立場になった途端、靖国参拝をやめてしまいました。彼は政治家を退いた後、一回しか靖国神社を参拝していません。もともと信念などなかったのです。あまりに露骨な票集めのための利用は、いくらなんでも靖国神社に眠っている方たちに失礼というものです。

トモダチ作戦の基金に話をもどしましょう。米国まで行って元乗組員たちと会って基金を立ち上げるという派手な行動は、たしかにマスコミ向きでニュースになります。しかし、これらの小泉元首相の行動の根底にあるものは対米従属です。彼のパフォーマンスに引っ張られると、結果的に日本の対米自立を遠ざけることになります。

2　イラク戦争とは何だったのか

●〝政治的な勘〟でイラクに派兵された自衛隊員

『決断のとき』では、当時の福田康夫官房長官の言葉を借りて、イラクへの侵略戦争に自衛隊を派遣したことについて、次のように説明しています。

「どうせ支援するなら早くしたほうが日本をたくさん売れる」「米国は開戦すると決めたんですから。決めたならなるべく早く支持を表明しようというのは小泉さんの政治的な勘だ」というのです。改めて当時の官房長官の言葉を持ち出しているということは、いまでも小泉元首相の考えは変わっていないということなのでしょう。

米国の政策が正しいかどうかについてはまったく議論せず、なんと「政治的な勘」でイラクへの米国の侵略戦争をいち早く支持したというのです。また、自衛隊を派遣する根拠にしたのです。要するに、正しいか否かは関係ない。米国が決めたことはすべて支持する。「はじめに対米従属ありき」の貧困な思考が感じられます。

イラクに派遣される自衛隊は戦死する可能性があるというのに、単なる状況主義と損得勘定で政治を動かしている。正義を追求する姿勢、魂などまったく感じられません。「自衛隊員は米国にこびへつらうためのコマにすぎない」と言っているようなものです。

実際、自衛隊員にはイラク派兵の結果、精神にダメージをきたしてPTSDで自殺した人もいます。ただし防衛省は、亡くなった原因がイラク派兵と直接因果関係があるかどうかについては、わからないとしています。

イラク国民にしても、「政治的な勘」で自衛隊を派兵されたと知ったらどう思うでしょうか。たとえば仮に、トランプ大統領が「米国が原爆を広島と長崎に投下したのは、当時の政治家の政治的な勘だった」と言ったら、日本人はどう感じるでしょう。冗談にもほどがあるとはこのことです。

●あの米国ですら謝罪したイラク侵略

自衛隊員のPTSDもそうですが、米国のイラク侵略を手助けした結果どうなったのか。ここが重要です。

米国を中心にした連合軍の戦争の正当性は、「イラクは大量破壊兵器を保有している」というものでしたが、結果的に大量破壊兵器はありませんでした。それにもかかわらず、一〇万人以上のイラク人が殺され、フセイン政権は転覆されて政治不安が生じ、さらにＩＳＩＬ（イスラム国）などテロの拡散・拡大を引き起こしたのです。

大量破壊兵器がなかったことに対して、侵略首謀者の米国政府ですら、かたちばかりですが謝罪しました。米国の議会も謝ったし、ＣＩＡも謝り、国防長官も謝りました。また、コリン・パウエル元米国務長官は、いわゆる「パウエル報告」に対して「生涯の汚点であり、報告内容はひどいものだった」と述べています。

パウエル報告とは、二〇〇三（平成一五）年二月、国際連合安全保障理事会においてパウエル米国務長官が、「イラクは化学兵器や生物兵器などを開発して所持している」と九〇分間にわたって述べた内容を指します。現在では、ほとんどが戦争を誘導するための捏造だったことが判明しています。

しかし、米国の議会やパウエル元米国務長官が謝罪しても、亡くなった人が生き返るわけではありません。だからこそ、外交、とくに戦争や紛争に関わることには、当たり前の話ですが、権力者は慎重になるべきなのです。自分が間違えば、何十万人が死ぬということを肝に命じて判断すべきなのです。「米国は開戦すると決めたんだから」というような軽薄な判断が、まかり通って良いはずがありません。

ところがいまだに日本政府は、謝罪はおろか検証すら行なっていません。誠実な対応とはとても思えません。完全に無視を決め込む政府の姿勢を知っておくことは、日本国民の義務と言ってもいいでしょう。

ちなみに、英国のトニー・ブレア元首相は、二〇一五（平成二七）年のインタビューで、米国と英国が主導したイラクへの侵略の一部について謝罪し、さらにこの侵略がＩＳＩＬの台頭につながったという見解には「一理ある」と述べました。

●認識不足の日本の政治家

さらに問題なのは、『決断のとき』における小泉元首相のイラク侵略に関する次のような見解です。「フセイン大統領は、国際機関による査察を受け入れませんでした。国連で決議されているにもかかわらず、どうして応じなかったのか。テロを受けたばかりのアメリカにとってみれば、イラクになにをされるかわからないと疑念が深まるのは当然でしょう。イラクが査察を受け入れていれば、あのような戦争は起こりませんでした」

これはまったくの見識不足です。当時、イラクは何度も国連の査察を受け入れていました。一〇万人以上のイラク人が殺されているというのに、自分の判断が正しかったかどうか検証すらしていない日本の元首相。怒りを通り越して何とも悲しい現実です。

当時、防衛庁防衛研究所の所長を務めていた柳澤協二氏から直接、話を聞く機会がありましたが、柳澤氏は「開戦前は大量破壊兵器がないということは、本当にわかっていなかった」と言っていました。それから数年経って同じ質問をすると、「我々の調査不足で反省しています」と自己批判していました。

当時、日本政府は本当に「大量破壊兵器がある」と考えていたのだと思います。対米従属に都合の良い情報しか上にはあがらないのでしょう。日本国内の政策ならそれでも通用するのかもしれませんが、外交となるとそうはいきません。鳩山政権潰しでも分かるように、売国支米派の官僚が白を黒として政策判断を変えてしまう実態がある状況です。これらの官僚は猛省しなければならないはずです。

ところで私は、平成一四（二〇〇二）年に出演した『朝まで生テレビ！』で、当時防衛庁長官を務めていた石破茂議員と一緒になりました。

そのとき私が、「イラクには大量破壊兵器はありませんよ。私はバグダッドでムハンマド・ズバイディ元首相らに会って質問しているし、いろいろ見せてもらいました。国連の査察官が調べているところも見ているし、イラク政府がウソをついていないことを、実際に確認しました」と言うと、石破防衛庁長官が「いや、あるんですよ」と反論したので、「『ある』と本当に言えるんですか？」と質問したら、石破防衛庁長官は「あるんです」と重ねて答えたわけです。この辺りも、大いに猛省してもらいたいです。政治家の言葉の重みが問われます。

●本当に、最初からなかった大量破壊兵器

イラクに大量破壊兵器が存在するか否かを調べたのは、国際連合の機関のＩＡＥＡ（国際原子力機関）とＵＮＳＣＯＭ（国際連合大量破壊兵器廃棄特別委員会）です。ＵＮＳＣＯＭは、一九九一年にイラクの武装解除や監視を行なうために設置された機関で、国連の湾岸戦争停戦決議に基づいて設立された委員会です。

ＩＡＥＡに参加していたエジプトの元外務大臣と直接話をしましたが、彼も「大量破壊兵器はありません」と言っていました。二つの機関を非難する声もあるようですが、信用できると言っていいと思っています。

イラクが二つの機関から受けていた査察は、戦前の日本が受けたハル・ノートと同じでした。無条件降伏か戦争かを突きつけられているようなものでしたが、イラクは辛抱強く要求された資料をいくつも提出していました。

ところが、「まだ隠しているものがある」と言いがかりをつけられるのです。「イラクは十分な査察を受け入れていない」と身勝手な言い分を振りかざしたのが、当時のブッシュ政権でした。米国は当初から戦争ありきだったのです。

イラクが査察を受けている期間、私はイラクの政府幹部に大量破壊兵器がないことを何度も質問して確認しました。最終的にイラクが一万二〇〇〇ページもの資料を提出したとき、そこに立ち会うこともできました。

UNMOVIC（国連監視検証査察委員会）で、一九九八（平成一〇）年まで査察団長を務めた元米海兵隊員のスコット・リッターらは、もともと開戦前からイラクに大量破壊兵器はなく、査察そのものが政治的なショーであり、開戦の理由づけだったと訴えました。

このように「ない」と主張する声に、米国も日本も耳を貸そうとはしなかったのです。

●今からでも日本国として検証・謝罪すべき

開戦前からイラクに大量破壊兵器がないことはわかっていたにもかかわらず、いまだに小泉元首相は、この事実を知ろうとしていません。興味がないから勉強しないのか、あるいは、意図的に事実をねじ曲げて解釈し自己完結しているのか。もしかしたら、「米国は広島と長崎に原爆を落としても謝らなかった。ここはひとつ米国を見習って、謝らずにスルーするのが賢明だ」などと考えているのではないでしょうか。

このままでは、小泉元首相の「イラクが査察を受け入れていれば、戦争は起こらなかった」という主張が、既成事実として日本の常識になってしまいます。

くり返しますが、イラクは大量破壊兵器を持っていませんでした。これは世界の常識です。「ない」とわかったとき、すぐに小泉政権は自分たちの間違いを認めて、イラクに謝罪すべきだったのです。

そして、戦争犯罪人は裁かれなければなりません。イラクへの侵略戦争という過ちを犯したブッシュ元大統領をはじめ、ディック・チェイニー元副大統領やドナルド・ラムズフェルド元国防長官、コリン・パウエル元国務長官らは、戦争犯罪人として裁かれるべきだと私はずっと主張してきましたし、今後も主張し続けるつもりです。

ＮＧＯ団体のイラク・ボディー・カウントによれば、二〇一八年現在、約一八万人から二〇万人のイラク民間人が亡くなっています。イラク軍兵士や武装勢力など戦闘員も含めれば、二九万人に迫るそうです。しかもこの数字は、あくまで報道されたものを集計した結果であって、報じられていない犠牲者や負傷が原因で亡くなった人は含まれていないといいます。

二〇〇五（平成一七）年一二月、米兵の死亡者が二〇〇〇名を超えたことと関係があるのかないのかはわかりませんが、ブッシュ大統領は、大量破壊兵器の情報に誤りがあったことを認めました。ただしこれが、国際社会に向けての謝罪かというと疑問が残ります。

どちらにしても、あのブッシュ大統領でさえ誤りを認めたわけで、これを知った小泉元首相はどう思ったのでしょう。小泉元首相は、この件について記者会見などを行なっておらず、マスコミもとくに追及しなかったと私は記憶しています。自衛隊の派遣に関する議論はあっても、大量破壊兵器のないイラクに派遣させた小泉政権の責任は追及されませんでした。

後に政権の座に就いた鳩山由紀夫首相は、平成二一（二〇〇九）年の臨時国会で「イラク戦争は誤りだった」と答弁しました。そしてイラクへの侵略戦争に自衛隊を派兵したことに対して、外務省はどう考えているのかと鳩山内閣が質問したところ、たった四ページのレポートが返ってきただけという話です。このときの回答と同じかどうかはわかりませんが、外務省のホームページ内にある『対イラク武力行使に関する我が国の対応（検証結果）』を見ると、外務省の意識がどれだけ淡白かがわかります。

過ちを反省しない国ほど危険な国はありません。今からでも日本は謝罪すべきです。三〇万人近いイラク人が殺されたという事実と、日本政府は誠実に向き合わなければなりません。

イラク派遣で心身を病んだ自衛隊員の自殺もありました。イラクへの侵略戦争の罪は現在進行形です。米国にこびへつらうトモダチ基金よりも、イラクの避難民や遺族のためにこそ基金をつくる責任が、小泉元首相にはあると思います。

3　米国の本当の狙い

●摩訶不思議な同時多発テロ

二〇〇一（平成一三）年九月一一日、米国の民間航空機四機がハイジャックされました。二機はニューヨーク州にそびえ立つ世界貿易センタービルに突っ込み、一機はペンシルベニア州ピッツバーグ郊外に墜落しました。残る一機は、バージニア州の国防総省本庁舎（ペンタゴン）に突入しました。

この事件は三〇〇〇人を超える死者を出して、同時多発テロと呼ばれています。実行犯は一九人いたとされ、ブッシュ政権はイスラム過激派・アルカーイダのリーダーであるオサマ・ビンラディンを首謀者と断定します。

三〇〇〇人以上の方々が亡くなったことに対して、私は非常に残念なこととして哀悼の意を表します。

では、どうしてあのような事件が起こったのか。その原因を私なりに考えると、やはり純粋に米国への報復だったと思います。経済力や軍事力を使って、いろいろな国をいろいろなかたちで支配してきたことへの報復だったのではないか。すべての国が、日本のように従順に対米従属に染まるわけではないということです。

そして、ここからは私の主観や想像ですが、9・11は米国が何らかの方法でやらせた。またはやるように仕向けた。または犯行計画を知っていて、わざと放置したと考えることもできるわけです。ブッシュ大統領をはじめディック・チェイニー副大統領、ドナルド・ラムズフェルド国防長官たち権力者の謀略の匂いがする。私はそう感じます。

●CIAの紐つきだったビンラディン

なぜ、私が同時多発テロは米国の陰謀だと考えるかというと、イラクでの経験がベースにあるからです。

イラクに二〇回以上足を運んでいるなかで、私はパキスタンのいろいろな人物たちと交流をもってきました。そのなかにパキスタンのパシュトゥーン族のグループがいました。パシュトゥーンは、現在のアフガニスタンのタリバーンを構成していますが、彼らと話をしているなかで、「オサマ・ビンラディンの反米意識はすごいじゃないか」と言ったら、「いや、何を言っているんですか！」と語気鋭く答えが返ってきました。「ビンラディンはCIAが育てた人物です。CIAの紐つきです」というわけです。

今は反米の旗手として扱われていますが、たしかにビンラディンはアフガニスタンに入ったときに反共活動をしているので、その活動資金はCIAから出ていたのかもしれません。そして米国の謀略に加担していくうちに力をつけて、米国がビンラディンをコントロールできなくなってしまった。そして結果的に米国に「トカゲのしっぽ切り」をされたという可能性も考えられます。

たとえば、同時多発テロの首謀者にして実行犯と言われているモハメド・アタが、チェコスロバキアでイラクの情報機関と会っていたということも、活動資金を受け取っていたということも、今ではすべて捏造だったことがわかっています。米国の二重三重の筋書きが同時多発テロの背景にあったと考えるほうが、むしろ自然です。

要するに、米国は彼らに報復できるような材料を与えておいて、動き出したところで叩いた。このような米国の大謀略があったのではないかと推測されるわけです。

そして二〇一〇（平成二二）年八月、バラク・オバマ米大統領がイラクへの侵略戦争の戦闘任務終結を宣言します。二〇〇三年に始まるイラクへの侵略戦争において米国政府は、愛国心を煽る報道などを過剰に行ないました。軍産複合体を太らせる土壌が、この戦争でつくられたと言えます。

米国の狙いはここにあったのではないでしょうか。イラクが大量破壊兵器を持っているかどうかなど、はじめから大した問題ではなかった。軍産複合体の未来が約束されればそれで良かった。私はそう考えています。

同時多発テロからイラクへの侵略戦争を経て、軍産複合体の活性化に結びつけることが米国の狙いだったとすると、次なる軍産複合体繁栄の土壌はどこになるのでしょうか。

ニューヨークやイラクで起こったことと、時を経て横田基地にオスプレイが配備されることは、無関係ではないかもしれません。点は線になってつながっているのです。

●米国の大統領でも戦犯として裁ける世界を

ベトナムへの侵略戦争にしてもイラクへの侵略戦争にしても、米国の大統領を裁かないから侵略は許されて、同じような悲劇がくり返されるわけです。

本当は国連が率先して「米国の行為は戦争犯罪だ」として、米国の大統領を裁くようになれば、戦争や紛争は減るはずです。同時多発テロにしても、いまからでもメスを入れれば、驚くような真実が出てくるかもしれません。

米国で司法長官を務めた経験もあるラムゼイ・クラーク弁護士が、イラクへの侵略戦争に対して、イラク戦争国際法廷というものを民間で開いたらどうかというアピールをしたことがあります。

同弁護士は、二〇〇四（平成一六）年、サダム・フセインの弁護をするためにイラクに赴いて、弁護チームの顧問を務めました。私はクラーク弁護士と以前バグダッドでお会いしたことがありますが、良識的で正義感のある人です。クラーク弁護士の姿勢を世界の指導者も学んで、すべての国に公平な国際法廷をつくるべきです。米国の大統領でも臆することなく戦犯として裁く国際法廷。本来当たり前のそういう法廷をつくることが、世界平和の第一歩になるのではないでしょうか。

米国の大統領を裁き、軍産複合体にメスが入るようにしなければ、この地球から戦争や紛争はなくならないのです。

第5章　対米従属の行く末

1　なぜ、在日米軍司令官に勲一等を与えるのか

●鬼畜と呼ばれた米軍人

大東亜戦争で東京大空襲を指揮し、米空軍大将にまで昇りつめたカーチス・ルメイという軍人がいます。

八幡製鉄所をはじめ、飛行機工場など日本の産業拠点への爆撃で成果を上げたルメイ司令官は、昭和二〇（一九四五）年三月一〇日の東京大空襲の指揮をとります。東京都は一〇六回の空襲を受けましたが、この三月一〇日の空襲がもっとも被害が大きく、この日だけで死者は一〇万人を超えました。

ルメイ司令官の戦術は戦略爆撃機Ｂ29に最大限爆弾を積み、低い高度から夜間爆撃を行なって町を焼き尽くすというもので、非戦闘員である一般市民の殺害を目的にしているかのような

残虐なものでした。東京都や大阪府、名古屋市などの大都市のみならず、富山県富山市や福島県郡山市など地方の中小都市までも焼き尽くしたのです。

日本国民はルメイ司令官を、「鬼畜ルメイ」「皆殺しのルメイ」と呼んで恐れました。自分の戦術に自信をもっていたルメイ司令官は、「わざわざ原爆を使う必要はない」と考えていましたが、指揮系統で原爆投下にも関わっています。

ルメイ司令官が東京を焼け野原にした三月一〇日は陸軍記念日で、明治三八（一九〇五）年に大日本帝国陸軍が、中国の奉天（現・瀋陽）を占領して奉天城に入城した日です。陸軍記念日は日露戦争の戦勝記念で明治三九（一九〇六）年に制定され、大東亜戦争の敗戦で廃止されました。あまり聞き慣れない陸軍記念日ですが、日本だけでなく、かつてはいろいろな国が制定していました。戦前の日本では、定着した記念日だったのです。

また、五月二五日には東京の山の手に四七〇機のＢ29が来襲し、三〇〇〇人を超える死者が出ました。国会議事堂の周辺や東京駅、皇居も被災して明治宮殿が焼失します。五月二五日というのは、湊川の戦いが行なわれた日です。湊川の戦いとは、南北朝時代、後醍醐天皇が率いる新田義貞や楠木正成の軍と、足利尊氏や足利直義の軍のあいだで行われた合戦です。天皇家にゆかりのある日に、皇居と明治宮殿を狙ったわけです。

そして占領期、東京裁判で死刑判決を受けた被告七人の絞首刑は、昭和二三（一九四八）年一二月二三日に執行されました。この日は皇太子明仁親王（今上天皇）の誕生日です。

このように米国は日本人が鼓舞する日を把握しており、軍人だけでなく国民も意気消沈させるために、そこに攻撃を仕掛けてきたわけです。その代表的なものが東京大空襲の三月一〇日で、その指揮をとっていたのがルメイ司令官でした。

●無差別殺人者に勲章を与えた日本政府

このようなルメイ氏に対し、戦争も占領も終わった昭和三九（一九六四）年一二月七日、埼玉県に置かれた航空自衛隊の入間基地で、最高位クラスの勲章である勲一等旭日大綬章が授与されます。退役する前年でした。佐藤栄作政権が決めた叙勲ですが、その理由は「航空自衛隊の育成や日米の親善に尽力した」というものでした。小泉純也防衛庁長官（小泉純一郎氏の父）と椎名悦三郎外務大臣が推薦人です。

なぜ、このような決定がなされたのでしょうか。

戦後、昭和二九（一九五四）年に航空自衛隊が設置されます。陸上自衛隊の前身組織は保安隊で、海上自衛隊の前身組織は警備隊でした。ところが航空自衛隊には前身組織がなかったので、米軍の協力を得て新設されます。この新設にあたって、日本はルメイ空軍大将の指導を受けました。その功績を讃えての勲章というわけです。

当時も勲章授与に反対する意見はありました。「ルメイ司令官が指揮した空襲は、無差別に行なわれた国際法違反だ。民間人を無差別で殺した者をたたえるのは納得できない」と日本国民は怒りました。

国民の批判に対して佐藤首相は、「現在、日本と米国は友好関係にあって、過去は過去として功に報いるのが当然」とし、同様に小泉防衛庁長官も「戦時の事情とその後の功績は、別に考えなければならない」と答えました。

家を焼かれて家族を失った国民が何十万人もいるというのに、なぜ、あえてルメイ氏に勲章を与えなければならないのでしょうか。その時点で終戦後一九年経っていましたが、私は、「国際法違反は一九年経っても国際法違反だ」「殺された国民は、時代が変わっても殺されたままだ」と言いたい。民間人を無差別に殺傷したという事実を問う姿勢がなければ、空襲や戦場で亡くなった人々、靖国神社に眠る散華者に対して申し訳が立ちません。

当のルメイ空軍大将も、「もし米国が戦争に負けていたら、私は戦争犯罪人として裁かれていただろう」と語っています。

佐藤首相や小泉防衛庁長官のように「もう時代が違うのだ。和解だ」というのも一つの意見だとは思いますが、政治家ならもっと法秩序に沿った判断をしてほしい。ルメイ氏の言葉のほうに政治家の見識を感じるほど、佐藤首相や小泉防衛庁長官の言葉は陳腐です。

ところで、勲一等は天皇陛下が直接手渡される親授が通例ですが、この時、昭和天皇は親授されませんでした。

●在日米軍幹部に与えられてきた二六三個もの勲章

生存者叙勲の再開が閣議決定された昭和三九（一九六四）年以降、在日米軍幹部が受けた勲章は二六三個もあります。これに関して私は、「東京新聞」に問題提起しました。「米軍幹部が勲章を受けている。この事実を都民に知らせるべきだ」「叙勲では授与者の氏名は公表されているが、米軍幹部の氏名は公表されていない。これは問題だ」と。

独自に取材をした「東京新聞」は、平成二二（二〇一〇）年三月一一日に記事にしています。その内容を要約すると次のようになります。

「終戦間際の大空襲では多くの民間人が犠牲になった。軍人の被災者には政府の補償があるが、民間人には補償がないのは理不尽だと、いまだに裁判が行なわれている。しかし一方では空襲を指揮した米軍の将校に、日本政府は勲章を贈っている。本末転倒もはなはだしい。日本政府は、国民が主権者であることを忘れているのか」

そもそも、なぜ日本は、米国の軍人に二六三個も勲章を与え続けてきたのでしょう。表向きはルメイ空軍大将の授与理由と同じく、「日米の親善に尽力した」ということになるのでしょう。「在日米軍は日本を守ってくれてありがとう。感謝します」と。

実際のところ、日本政府としては「前例に従っているだけ」という儀礼的な授与と思われますが、外国人への叙勲は国家間の友好を意味しており、それが立場のある米軍幹部となれば、なおさらです。「今後も日米安保条約を仲良く続けていきましょう」という対米従属のへつらいと考えて間違いないと思います。

ところで、ルメイ空軍大将は勲一等旭日大綬章を与えられましたが、全員が旭日大綬章を受けているわけでなく、役職に応じて旭日重光章や旭日中綬章も贈られています。日米安保条約の関係上、どうしても勲章を与えなければならないなら、たとえば旭日重光章を最上位にして旭日中綬章、旭日小綬章というように、せめてランクを下げてはどうでしょうか。

もしくは勲章を受ける代わりに、「今年はオスプレイの事故が何件ありました。この勲章に誓って、今後一切事故は起こしません」というように米兵の事件や事故に対して謝罪コメントを出させる。コメントが嫌で辞退者が続出すれば、勲章授与という悪しき伝統は自然消滅します。しかもだれも困りません。

米国には、ネイティブ・アメリカンの大量虐殺や拉致したアフリカ人を奴隷にしたという歴史があり、第二次大戦後は、その悪魔の手をベトナムにも伸ばしています。ルメイ空軍大将はベトナム戦争で空軍参謀総長を務め、佐藤首相は北爆を支持します。佐藤首相は北爆が開始される前年にルメイ空軍大将に勲章を渡しましたが、「日本は米国の北爆を支持します」という忠誠の証しだったのかもしれません。

日米関係ということで考えれば、米国が大東亜戦争で行なった国際法違反の数々を日本が許してしまった結果が、その後の米国の侵略戦争の遠因になっていると私は考えています。極端に言えば、〝鬼畜ルメイ〟に勲章を渡したことが、後に米国に侵略戦争の免罪符を与える結果につながったのです。

2　天皇制度と対米自立

●私の「天皇論」

先に述べたように、昭和天皇はルメイ空軍大将に勲章を親授されませんでした。ここで考えなければならないことは二つあります。

まず一つ目は、勲章授与は閣議で決定されたことであり、天皇は政治に関われないお立場なので、疑問をもたれても決定そのものに意思表示はおできにならない。だからお悩みになった末に、「親授しない」という決断をなされたと思われます。

二つ目は、ルメイ空軍大将は日本中を焼き尽くし、さらには原爆投下にも関わった人物です。やはり昭和天皇は、戦争に対する責任を痛切にお感じになっていらしたということなのでしょう。戦争が終わって一九年経っても、国民に申し訳ないというお気持ちに変わりはなかった。そのために親授されなかったのではないでしょうか。

日本国憲法では天皇は政治に関与できないことになっていますが、時として、このように政治的判断ともとれる局面に直面されることがあります。ここでは、私なりの天皇制度のあり方について提起してみます。

この度、平成の世が終わって天皇陛下の御代代わりになるわけですが、天皇陛下がお許しになれば、今上天皇は京都にお住まいになってもらいたいと私は考えます。

もともと私は、今上天皇が京都にお住まいになられる京都遷宮論を唱えていました。天皇陛下は日本の歴史の連続性を背負っていらっしゃるので、そこから考えれば京都にお住まいになられるほうが自然かと思います。東京一極集中を分散する意味でも、京都にお住まいになっていただきたい。

天皇陛下は日本国の国父です。元首と言ってしまうと政治的な部分が含まれるので、国の父という意味で国父という言葉のほうが、私にはしっくりきます。

私が考える天皇陛下のお役目は、祭祀王です。祭祀を司る人、プリーストキング（Priest King）です。ローマ法王をイメージするとわかりやすいと思います。

憲法第四条では、「天皇は国政への権能を有さず、国事行為のみを行う」とあります。この「国事行為」という規定がある一方で、憲法第一条の象徴規定により、象徴という役割を全うするための国事行為以外の公的行為、いわゆる「ご公務」を行ないます。さらにもう一つの陛下の役割として、代々の皇祖を祀り国家の安寧を祈るための「宮中祭祀」があります。本来であればこれが陛下の最も重要な役割だったのですが、戦後、宮中祭祀は天皇による私的な宗教的行為とされ、国事行為からは除外されてしまいました。

祭祀王というのは、天皇の本来的役割である宮中祭祀を司る存在と考えています。ただ、宮中祭祀を憲法によって規定することは困難です。そこで出てくるのが、「超越論」です。

日本の歴史の中で、一部を除くと、天皇陛下は「権力」ではなく「権威」の存在であったと考えられます。権力とはいわば世俗です。世俗の政治を超越したところの、歴史的な祭事を司る存在が天皇陛下だと私は思っています。天皇陛下は日本国憲法の第一条から第八条で規定されていますが、憲法をも超越している存在として、世俗的な法理の中に規定されるべきものではない。聖の存在として、皇統を守っていかれる立場なのです。祭祀権を持った大御心、国父という立場で、政治と離れたところにいて欲しいのです。そうなれば、日本国憲法第九九条「天皇又は摂政及び国務大臣、国会議員、裁判官その他の公務員は、この憲法を尊重し擁護する義務を負う」という規定も改正する必要があります。

祭祀王になられると、ご発言になる機会もほとんどなくなるでしょう。日本の象徴として世俗を超えたところにいらっしゃって、皇祖皇宗、すなわち歴代の天皇陛下をお守りして、日本の人々を「民安かれ、国安かれ」と願われている。それが天皇陛下です。尊い存在であり、存在そのものが祈りなのです。

●天皇の権威を利用してはならない

天皇陛下は日本の国父です。しかし現実は、日本は米国の下に置かれています。天皇陛下がいらっしゃるこの日本国が、いまだに米国に占領されて汚されている。清めるためには米国の支配下から脱しなければならない——だから、私は対米自立を主張するわけです。

もし、天皇陛下が「このままでもよい」とおっしゃったら、そこではじめて順逆不二の思想が出てきます。順逆不二というのは、従うも逆らうも二つなし、天皇陛下の絶対性を説く言葉です。たとえば、二・二六事件を起こした青年将校たちは、「皇祖皇宗をどうお考えになられていらっしゃるのか?」と疑問を呈しました。そして諫言諫争《かんげんかんそう》、争ってでもいさめようとしたわけです。

ところで、ここまで持論を述べてきて矛盾しますが、私はあまり天皇陛下のことは語らないようにしています。

まず、畏れ多い存在を語るという行為に対して、自分の心のなかで葛藤があります。また、人に価値観を押しつけるようなことになってはいけないという意識もあります。

さらに言うと、天皇陛下を介して自分の意見を権威づける手法が嫌いなのです。戦前の軍部は天皇の権威を利用しましたが、あれはいちばんやってはいけないことです。

天皇陛下の体調が良くなくなったときに、華やかな芸術活動、いわゆる歌舞音曲《かぶおんぎょく》を自粛するという空気になりました。そこでご平癒されているときに、何も考えないで日常を送っている者に対して圧力を加えることは、私は良くないと思います。これ見よがしに「不謹慎」と騒ぎ立てるのも、私は好きではありません。自然に自分から慎むなら良いと思いますが、人に強制することではありません。

このような私の考え方を「天皇抜きナショナリズムだ」と批判する声もありますが、天皇抜きではなくて、「天皇陛下の権威を利用しないナショナリズム」だと自分では思っています。

3　対米従属は日本を衰退させる

●そもそも、なぜ日本は対米従属なのか？

これまで本書で見てきたように、日本の対米従属は戦後七〇年以上にわたってあらゆる局面で形成されてきており、現在もその歪な関係は維持されています。何より最大の問題は、この事実を国民が問題視していないことであり、国民の無関心を受け、政治家も対米従属の解消を政治課題として認識していないことです。

それでも中曽根康弘政権以前、もしくは平成一二（二〇〇〇）年以前には、官僚の中にも対米自立派と呼ばれる人たちがいたそうです。それがイラクへの侵略戦争あたりから対米従属派が中核を担うようになって、対米従属派しか組織の中枢にいられない構造ができあがりました。

平成一三（二〇〇一）年から駐レバノン日本国特命全権大使を務めていた天木直人氏は、日本のイラク政策を批判し、『さらば外務省！』（講談社）という著書を叩き付けます。そして、イラクへの侵略がはじまった平成一五（二〇〇三）年、外務省から事実上の解雇処分を受けます。

月刊誌『紙の爆弾』（鹿砦社）の平成三〇年一月号に「『永久化』した対米従属関係を根本的に見直せ！」と題した天木氏のインタビュー記事が掲載されています。

ここで述べられている「そもそもなぜ日本はここまで対米従属なのか」という部分を要約して紹介したいと思います。

天木氏は、日本が対米従属になったいちばん大きな理由を「戦後日本が国際社会に復帰した過程にある」と分析しています。占領期も国際社会への復帰も、戦前の指導者が米国に助けられて、米国陣営にとり込まれて戦後の政権を担ってきた。その代表が自民党で、この状態が今日まで続いている。だから対米従属にならざるを得ないというのです。

そうは言っても、戦後、いろいろなことがありました。一九八〇年代初頭、鈴木善幸首相は「日米同盟は軍事的な意味合いはない」と対米自立的な発言をして引責辞任に追い込まれ、代わった中曽根首相は「不沈母艦発言」で対米従属を確立します。

鈴木首相と中曽根首相の発言でわかるとおり、「対米従属は日本の安全保障政策と切っても切れない関係にある」と天木さんは説明しています。

そして現在、米軍に従属するかたちで自衛隊を軍隊化しようとしている安倍政権に対しては、「安倍首相の対米従属は、それをもはや後戻りできないほど永久化させつつある」と指摘しています。

さすが、イラクへの侵略に対して外務省を批判した天木氏です。日本が対米従属にならざるを得ない状況の一つを明確にとらえています。

本書でもくり返し述べてきましたが、わが国の対米従属構造は、日本の戦後復興と安全保障政策形成の過程と根深く絡み合っています。対米従属をリセットすることは、すなわち安保体制のリセットであり、安全保障政策の抜本的な見直しにつながります。そこで初めて、憲法改正論議がなされるべきであるというのが私の主張であり、日米安保体制とは異なる全方位対等の国際関係の形成が、同時に求められるのです。

●弱者を救済しなくなった日本社会

このように対米従属のリセット、対米自立には安全保障に関する議論が避けて通れないわけですが、国民の多くは、それよりも経済のことが気になっているのではないかと思います。アメリカとの関係を見直すと、日本経済は立ち行かなくなってしまうのではないか……この不安を払拭しなければ、国民の間に対米自立は浸透しません。

ここからは、社会保障や経済の側面から、対米自立の必要性を説いてみたいと思います。まずは、経済の流れを少し見ていきましょう。

一九七〇年代末にイギリスで首相になった「鉄の女」ことマーガレット・サッチャーは、経済の停滞を打破すべく、国営のガスや水道、電気、通信、さらに鉄道や航空などを民営化しました。公共投資を抑えた政策は、インフレ抑制の成果を見せましたが、同時に貧富の格差を拡大させてしまいます。

日本でも一九八〇年代半ばから中曽根政権が民営化を推し進め、ＮＴＴやＪＲ、ＪＴなどをつくります。日本電信電話公社や日本国有鉄道、日本専売公社を民営化するメリットは、法人税にあります。巨大な法人税が国の財政に貢献するというわけです。

その後、平成八（一九九六）年に橋本龍太郎政権が誕生し、「金融ビッグバン」と呼ばれる金融制度改革に着手します。この改革で銀行の合併が可能になってメガバンクが誕生しました。

そして小泉政権が「官から民へ」を掲げます。日本郵政公社や日本道路公団の民営化をはじめ、地方への財政委譲や労働者派遣法の改正など、様々な規制緩和を行ないました。

規制緩和によって格安航空会社が誕生したり、コンビニでキャッシングができるようになるなど、いろいろ便利なものが登場しました。自由競争には、私たちの生活を便利にする一面があります。

その一方で一九八〇年代のイギリス同様、貧富の差が開きました。自由競争がもたらす効果よりも、逆効果である格差のほうが大きくなってしまった。これが現在の日本です。

小泉政権には「小さな政府」という基本方針がありました。「大きな政府」は、中央政府が経済活動などに積極的に介入して所得格差を是正しようとするもので、「小さな政府」は、中央政府の経済政策などの規模を小さくして、民間の自由競争を活発にしようとするものです。

大きな政府に傾きすぎることなく、小さな政府にも傾きすぎることなく、政府と民間が互いを補ってバランスを保つ。本来、これが理想的な社会です。

現在の日本は、弱者を助ける仕組みがあまりにも脆弱です。弱者を助ける場合、その救済内容によって、これは大きな政府で、これは小さな政府で、とケース・バイ・ケースに対応する柔軟さが必要とされます。

現在の日本政府は、このコントロールが機能していません。だから、一向に格差が縮まらないのです。

では、どうして日本政府にコントロール能力がないのか。対米従属に傾きすぎているからです。それを如実に表しているのが、米国から突き付けられる「年次改革要望書」です。

●米国の内政干渉は現在進行形

日米経済の発展のためという名目で、「年次改革要望書」なるものが、平成六（一九九四）年から日米両政府のあいだで取り交わされていました。鳩山由紀夫政権のときに停止されたものの、平成二三（二〇一一）年から「日米経済調和対話」と名前を変えて現在でも続いています。

高度経済成長期および東西冷戦期以降の日本のシステムの多くは、この年次改革要望書によって〝改正〟されてきたといえます。

労働者派遣法・建築基準法・独占禁止法の改正、持株会社の解禁、大規模小売店舗立地法の

成立、健康保険の本人三割負担、郵政・道路公団の民営化、法科大学院の設置と司法試験制度の変更などは、すべて米国からの要望書に従って着手されたものです。驚くのは、大型自動二輪車の運転免許証制度も米国の指示で改正されたということです。

これらはすべて、米国政府からすれば「参入障壁」の排除になります。米国資本が日本で経済活動を行なえるように、規制を撤廃または緩和し、フェアなルールを確立しなければならない。これが米国の言い分です。

しかしこれら年次改革要望書に沿った施策――「自己責任」「流動化」といったワーディングで推進されていきました――により、日本国民は本当に豊かに、幸せになったでしょうか。

雇用形態の多様化は格差を拡大し、社会階層の固定化をもたらしました。就職氷河期世代は非正規雇用から抜け出せないまま中年となり、ただでさえ疲弊している社会保障制度を、根幹から揺るがす存在となるでしょう。現在では貧困が世代間にわたって連鎖する状況も生まれています。

大規模店舗の進出でとくに地方の商店街はシャッター通りと化し、地方創生のかけ声も空しく、東京一極集中のとどまる気配はありません。規制緩和による過度な競争は、ごく一部の「勝ち組」を除き、大多数の国民には所得の減少をもたらしました。司法改革以降、弁護士資格を持っている人でもワーキングプア化しているという現実も聞かれます。

バブル崩壊以降の長きにわたる景気低迷「失われた二〇年」（最近では「三〇年」とも言わ

れます）は、日本が米国の年次改革要望書に沿った「改革」を行なってきた時期と、そのまま重なっているのです。

なお、日本から米国にも要望書は提出されていますが、一切実現されていないという話です。年次改革要望書や日米経済調和対話で指示されたことに対して、日本に拒否権はないという話を聞いたことがあります。これは内政干渉の最たるものです。日米経済調和対話があるかぎり、ＧＨＱは日本のなかに生き続けているのです。

本当は、「今回、米国からの年次改革要望書によって、法科大学院が設置されました」というように、その都度マスコミがきちんと背景まで報道すべきなのです。そうすれば「何でそんなことをいちいち米国に指示されなければならないんだ」と世論が盛り上がり、廃止できるはずです。

小泉政権が推進した規制緩和によって米国資本が日本を食い散らかし、ガタガタにされ、修復できないまま現在の状況があるわけです。それどころか、日本が日本でなくなってしまう状態にされたと言っても過言ではありません。

左翼陣営は格差問題について、「新自由主義反対」「グローバリズム反対」という面で小泉〜安倍政権に対し批判を展開しますが、私はナショナルな問題として国益の立場から闘っています。ナショナリズムからの主観と視点で日本の経済構造をとらえているのです。

また、「大きな政府と小さな政府のどちらがいいと思いますか？」と訊かれたら、「日本は大きな政府で進んだほうが良い」と答えます。ただし、財政出動が多い分、税金の仕組みはしっかりしてもらわなければ困ります。国民ばかりが税負担を強いられ、大企業や特権階級だけが潤うような仕組みは是正しなければなりません。

小さな政府がダメだというわけではありませんが、経済や社会保障については、大きな政府と民間がお互いを補ってバランスを保つ路線が、日本に適しているのではないでしょうか。

ただし、大きな政府か小さな政府かという以前に、政治家は対米従属から脱却し、本当に国民の生活を考えた政策を打たないと、日本は衰退してとり返しのつかない状態になるでしょう。

●対米自立は十分可能

対米自立路線に切り替えた場合、日本経済はどうなるのかという不安があると思います。それも実は、心配する必要はあまりないのです。

まずは、貿易相手国の推移を見てみましょう。財務省の貿易統計から、表5−1のようになっています。

この順位をどう読むか。輸出相手国の上位は米国が強いものの、それ以外は中国、韓国などアジア諸国が占めています。輸入相手国では、ここも米国が重要な位置を占めていますが、近年は中国の一位が続きます。オーストラリアは資源やエネルギーの輸入相手です。

今後も、米国との関係は同じように続くでしょう。同時に、アジア諸国やエネルギー輸出国

	輸出相手				輸入相手			
	1990年	2000年	2010年	2017年	1990年	2000年	2010年	2017年
1位	米国	米国	中国	米国	米国	米国	中国	中国
2位	ドイツ	台湾	米国	中国	インドネシア	中国	米国	米国
3位	韓国	韓国	韓国	韓国	オーストラリア	韓国	オーストラリア	オーストラリア

表5-1　日本の貿易相手国の推移　（貿易額ベース）

との関係がますます重要になることは間違いありません。

日本は戦後、エネルギーや原材料を輸入して工業製品を輸出する加工貿易で外貨を稼いできました。国内の製造業が空洞化し、このモデルもかなり崩れてきたように思えますが、実はアジア諸国の間で、ものづくりの連携は加速しています。たとえばＩＴ機器などの製造において、日本が高度資本財を製造し韓国に輸出、韓国はそれを使って複合部品のような中間財を製造し中国に輸出、それを使って最終的に中国が製品を大量生産する。このようなアジアのサプライチェーンが確立しているのです。

たとえ日本が対米自立になって米国から関税などでプレッシャーをかけられても、アジア諸国との関係が良好なら大きな痛手にはならないはずです。

もう一つ、貿易収支の内訳にも着目してみましょう。

米国の抱える貿易赤字は深刻で、トランプ大統領は現在、中国をはじめとする対米貿易黒字国に、貿易戦争も辞さない強気な構えで臨んでいます。日本も、自動車に代表される製品の貿易収支では、平成二八（二〇一六）年で五兆五二五一億円の黒字となっています。

ところが観点を「投資」に振り向けてみると、違った日米関係が見えてきます。財務省「国際収支状況」によると、平成二八年における日本の対米直接投資は五兆七五八四億円であるのに対し、米国からの対日直接投資は六三二三億円にすぎません。

また、米国商務省統計によると、二〇一五（平成二七）年末の米国の対内直接投資残高は三兆一三四二億ドルでしたが、そのうち日本からの直接投資残高は四一一二億ドル（全体の一三・一%）と、イギリス（四八三八億ドル）に次いで第二位の規模となっています。

それに対し、同年末の米国の対外直接投資残高は五兆四〇六億ドルでしたが、そのうち日本への直接投資残高は一〇八五億ドル、全体の二・二%にすぎません。

それから日本企業は、米国の内需にも貢献しています。米国商務省経済分析局による、米国への各国からの進出企業による各年の雇用者数等についての分析結果では、二〇一四（平成二六）年の日系企業による米国における雇用者数は八三・九万人で、こちらもイギリス（一〇九・九万人）に次いで第二位の雇用貢献となっています。

日本に対して貿易不均衡を言い立てるトランプ大統領と、それに対し何も言えない日本の政治家を見ていると、いかにも日本の製品を米国に買ってもらってばかりのように思えてきますが、実際は必ずしもそうではないのです。むしろ投資の収支では日本は「赤字」であり、米国内の雇用にも多大な貢献をしています。毅然とした態度で交渉していけばいいのです。

対米自立に方針転換しても、バッサリ米国との関係を切るわけではありません。主権国家同士の対等な付き合いがあるわけです。ですから、「対米自立などと言うと、米国から見捨てられて日本は衰退する」という心配は、杞憂に過ぎないということです。

●地政学的に見た日本の可能性

日本はかつて、米国を中心とする自由主義陣営において「反共の防波堤」と言われていました。つまり、中国、ソ連という社会主義大国と地理的に極めて近い同盟国として、東アジアの共産化を食い止める役割を期待されていたわけです。ソ連が崩壊し、中国が改革開放路線に舵を切って久しい今日では意味をなさない言葉ですが、日本が地政学的に極めて重要であることは、現在も変わりないと思います。かつての「反共の防波堤」を逆手にとるような、我が国の地の利を生かした経済政策が、今こそ求められるのではないでしょうか。

冷戦終結後、「環日本海経済圏構想」という言葉が提唱されました。これは、ロシア沿海地方、中国東北部、韓国、北朝鮮、日本の日本海側を中心とした地域で経済発展を目指す構想です。これらの国・地域にはそれぞれ、天然資源、労働力、資本、技術が備わっており、こういったリソースを組み合わせることで相互補完的な経済圏の形成を目指すものでしたが、各国の足並みが揃わず、難しい状態が続いていました。

しかし今、ふたたびこの構想に光を当てる時機がめぐってきたように思います。北朝鮮は態度を軟化させ米国との二国間交渉に臨み、韓国との対話も再開しました。ロシアは日ロ平和条約の締結を日本に持ち掛けています。この二国との政治的問題が解決されれば、すでに日中韓の経済的な結びつきは強いため、環日本海経済圏構想は一気に加速します。さしあたり、「環日本海貿易構想」として、日本が主体となって〝現代版北前船〟を就航し、モノとカネの流れを活発化させるのはどうでしょう。モノとカネが動き始めれば、次第に人の交流も生まれます。

これはかなり強力な経済圏であり、日本にとってもメリットの大きい構想です。相対的に米国への経済依存を低下させることで国際収支のバランスが良くなり、国内問題的にも、日本海側の発展は地域間格差の縮小につながります。

このようなチャンスが目の前にあるにもかかわらず、安倍首相は北朝鮮との首脳会談を実現できず、日ロ平和条約の締結にも及び腰です。日ロ平和条約の締結は、私は大いに結構なことだと思います。ロシアの言う前提条件――経済制裁の解除とクリミアのロシア帰属の承認を、米国の顔色など気にせず断行すればいいのです。そうしたほうが明らかに国益に資することになるし、有効な外交カードを手に入れることにもなるからです。

国際政治は、常に大所高所から考え、何が国益につながるのかを見極めなければなりません。そのような判断ができないのは、対米従属構造のなかで日本が自主外交決定権を失っているからです。グローバル化が加速し、国際経済に新しいプレイヤーが次々と名乗りを上げるなかで、日本だけが米国の「ご意向」を窺って主体的な決断ができない。こんなことでは、本当に我が国は取り残されてしまいます。

第6章　対米自立・「生涯一ナショナリスト」の決意

1　戦後の愛国運動

●対米従属に洗脳された日本国民

ここまで繰り返し述べてきたように、戦後から現在まで継続している対米従属という日本のあり方は、単に制度上の問題だけではありません。深く根付いた国民感情の問題でもあり、そのマインドセットは、やはり占領期に形成されたものではないかと思います。

対米従属脱却を描くにはこれまでのプロセスを知らなければなりません。本章では戦後の日本社会を振り返りながら、いかにして現在の状況がかたちづくられたのかを考え、民族主義者、ナショナリストとしての私の思いの丈を述べてみたいと思います。

考えてみれば戦後の占領下において、反米感情が起こらなかったのは不思議です。マッカーサーにファンレターを送る日本国民はたくさんいても、命を狙おうとした人たちはあまりいなかったようです。

ＧＨＱの占領政策が成功した理由には、まず「米国は自由で豊か」という広報活動で憧れをもたせた点が挙げられます。さらに「国民は軍国主義の犠牲者だった」と懐柔することで、日本国民への占領政策が浸透し、反米感情を抑えることに成功したわけです。

さらに、職業軍人や右翼組織の指導者たち二〇万人が公職追放処分となり、労働組合を許したことも、日本人が反米にならなかった理由の一つです。終戦の翌年には、労働組合員は四〇〇万人を超えたといわれます。

ところが昭和二二（一九四七）年、数百万人規模のゼネストがマッカーサーの命令で中止になります。「二・一ゼネスト」と呼ばれるこの事件を境にして、ＧＨＱに対して不信感をもつ日本人が増えてきます。自分たちに認められたのは「占領政策を遂行するための自由」であって、「占領を批判する自由」はないことに気づくわけです。

また、国鉄三大ミステリー事件と呼ばれる下山事件、三鷹事件、松川事件が昭和二四（一九四九）年に起こります。事件は迷宮入りしたり、不自然な判決が下されたりしましたが、日本の共産主義化を防ぐためのＧＨＱの陰謀だとする説が、いまだに根強く存在します。

つまりＧＨＱは、労働組合を奨励しておきながら、自分たちに都合が悪くなると潰しにかかったのです。

こうしているうちに朝鮮戦争が勃発し、いわゆる朝鮮特需が発生します。日本の経済は豊かになり、一時期盛り上がった反米感情は下火になります。

●安保闘争と民族派

戦後、ＧＨＱから公職追放を受けた右翼は数多くいましたが、反共の動きが強まるにつれ、ふたたび政治の世界に返り咲いた人が少なくありませんでした。また、戦前に軍部に協力していたような人のなかには、反共の武力集団として立ち回ることに生きる活路を見出した者もいました。

このような流れのなか、当時の右翼の矛先は本来の敵である米国から逸れ、国内でのイデオロギー対立激化を受けて、日本人同士の闘争に向くようになります。この流れは主権回復後も変わることなく続きます。

たとえば昭和三五（一九六〇）年、象徴的な事件が起きます。元愛国党の活動家だった山口《やまぐち》二矢《おとや》氏が、「米帝国主義は日中共同の敵」と発言した日本社会党の浅沼稲次郎委員長にテロを敢行します。この事件もイデオロギー対立激化の流れのなかで起きたものです。

歴史の必然であることには間違いないのですが、ひとくちに右翼といっても、いろいろな視点と行動があります。反共重視である一方、小島玄之《げんし》氏のようなナショナリストは、主要な敵は「占領政策」であるという立場をとっていました。したがって、「ＧＨＱは右翼を反共の防波堤として生かしているが、占領政策は右翼のパージにあったはずだ」と考えるわけです。そして「我々も本来の民族独立の戦いを主張すべきではないか。それこそがナショナリストとしてやるべき戦いだ」と考える人たちもでてきました。民族派論客の葦津珍彦《あしづうずひこ》氏などはそのような主張をしていますが、私はその主張は正しく、それこそが原則的なナショナリストの姿だと考えています。

とくに六〇年と七〇年安保闘争の際、一部のナショナリストには、単に左翼運動であるというだけでなく、その潮流の本質を見る者も少なくありませんでした。左翼は体制批判だけでなく、反米の姿勢を打ち出していたからです。ざっくり言えばこの頃、右翼または新右翼のなかから「ヤルタ・ポツダム体制打倒」という路線が生まれますが、この路線には、左翼に対し、日本回帰を求めつつ反発するという複雑な動きが内包されていました。

●政治的無関心が生んだ「ソフト支配」

一九七〇年代に入ると、左翼内部でも路線対立があり、左翼の活動が先鋭化していきます。よど号ハイジャック事件、連合赤軍事件、連続企業爆破事件などによって、国民の気持ちは過激派から離れます。一九七〇年代後半から八〇年代入ると左翼活動は沈静化します。

この時期、ナショナリストも反体制になっていき、新右翼運動が民族独立などを主張し盛り上がりを見せます。しかし、国民を巻き込んだ大衆運動を起こすまでの盛り上がりをつくるまでには至らず、結果的に七〇年安保闘争以降、左翼としても右翼としても、日米安保体制に批判的な運動は見られなくなります。

一九八〇年代には反原発運動、一九九〇年代にはＰＫＯ反対運動などが一部で見られましたが、基本的には日本全国どこに行っても、国民は政治活動にほとんど関心を示さなくなってしまいます。「難しいことはもういいよ。このままでいいんじゃないの？」という政治的アパシーの空気が日本を支配していったのです。

このような状況をつくった元凶として、戦後体制を支えた自民党が言語道断なのは当然ですが、野党も救いようがありません。政治家は、「とりあえず議員でいられればそれで良い」と考えているように思えてなりません。気づけば今や二世議員ばかり。どうしてこういうことになってしまうのか。私たち有権者にも責任があります。

おそらく多くの日本人は、「アメリカの文化は好きだけど、政治や軍事は嫌い。日本に武器を売りつけるな」という思いでいるのでしょう。しかし行動に移すまでにはいたらない。行動しない日本国民は、米国にとって好都合であり理想的です。私はこの状態を、先述したように「ソフト支配」と呼んでいます。

2　一水会の誕生と活動

●多様性と寛容の精神

戦後二五年目に結成された日本青年協議会という保守系の青年団体は、ヤルタ・ポツダム体制の打破を掲げ、各大学において左翼との対峙をくり返す学生運動経験を有する人たちによって結成されました。平成九（一九九七）年に設立された日本会議は、日本青年協議会が主体となって創成された後継団体です。

昭和四五（一九七〇）年には三島事件が起きます。そして「三島由紀夫・森田必勝両烈士の魂魄《こんぱく》」を継承するために、昭和四七（一九七二）年、一水会が創設されます。私はその七年後から勉強会に参加するようになります。

森田必勝氏は楯の会に入ったとき、それまで所属していた日本学生同盟から除名されます。日本学生同盟というのは民族派の学生組織ですが、楯の会入会に際して「共産主義者に魂を売った」として森田必勝氏を除名したのです。これは、組織から離脱者を食い止めるためのかなり強い表現ですが、ある意味で内部事情が透けて見える動きでした。この頃の民族派学生組織も、左翼セクト主義同様に組織の論理が芽生えていました。「我々の活動こそが秀れており、他の考え方はダメだ」という党派の論理が、活動の何割かを占めるようになっていたのです。

このような動きを経験してきた先人たちが作成した一水会の綱領には、「生成発展を遂げるべく、より高いレベルで政治理念を集約化させ」という言葉があります。これは、「自立の政治論理であり他を否定しない」ことを意味しています。

一水会は結成にあたって、先のようなセクト主義を経験した結果、「排他はやめよう」となったわけです。良くいえば多様性と寛容の精神がある。悪くいえばちゃらんぽらんということです。

一水会は、結成当初から左翼との対話も重要視してきました。日本青年協議会は所帯も大きく、あくまで左翼は対峙する対象という認識です。日本青年協議会は、団体を拡大していく部分において非常にすぐれていました。しかし、多様性と寛容性をもちながらも、組織の論理を優先させ、対米自立・安保廃棄というより憲法改正に重点を置き、その路線で結果的に現在の日本会議として活動をしているのです。一方で、一水会は対米自立・安保廃棄に重点を置いてきており、ここが思想としての分岐点ということです。

●理想は柔軟性に富んだ姿勢

一九七〇年代、まだこの頃は対米自立という言葉はなく、「親米愛国」が大方の民族派の潮流でした。私は高校の頃から親米路線には抵抗があって、政治活動を始めてからは、「反米自主」もしくは「反米独立　維新断行」をスローガンにしていました。「対米自立」が定着するのは冷戦後になります。

初期の一水会のスローガンは「反米・レコンキスタ・変革」でしたが、行動的な組織「統一戦線義勇軍」の結成によって、それが「反米独立　維新断行」「反米愛国・抗ソ救国」になり、一九九〇年代から「対米自立」に落ち着きます。字面だけ追うと、次第に穏やかになっていることがわかります。

そういった面があるためか、最近は、一水会はサークル的だと揶揄されることがあります。しかし弾力性がある分、いろいろな人と交流できるわけです。

大正七（一九一八）年に創立された老壮会という組織がありました。右翼系と左翼系の思想家が一堂に集まって勉強会を催した団体です。

左翼系には、大正期の代表的アナーキストの大杉栄、社会主義運動の先駆者の堺利彦、社会思想家で『資本論』を訳した高畠素之などがいました。右翼系には、二・二六事件における理論的指導者の北一輝、東京裁判で唯一民間人としてA級戦犯になった大川周明、国粋主義思想家の渥美勝、俳人で皇室中心主義者の沼波瓊音《ぬなみけいおん》などがいました。

我々は「一水会フォーラム」という月例勉強会を開催しているのですが、このコンセプトは、「現代老壮会を目指す」ということです。つまり、老壮会のように、立場を超えて国のあり方を議論できる、柔軟性に富んだ姿勢です。

一水会の創設メンバーにして会長を務めた鈴木邦男氏が、昭和五〇（一九七五）年に『腹腹時計と〈狼〉』（三一新書）を出版します。連続企業爆破を企てた極左集団のストイックさは戦前の血盟団に共通する心情があると述べる『腹腹時計と〈狼〉』は、さすがに当時の一水会のメンバーには受け入れてもらえず、離反者が出ました。

逆に私は、この本を夢中になって読みました。血盟団の右翼テロリスト群像と重ね合わせ、〈狼〉のストイックな姿勢に共感したのです。

最近で言えば、我々が文部科学省の事務次官を務めた前川喜平氏と交流をもったということで、一部の右翼団体から批判を受けました。前川氏と会ったという情報は、公安関係者からほかの団体に流れたと想像できます。リークする公安関係者の目的は、右翼のつぶし合いです。公安関係者に隠すようなことは何もない一水会ですが、公安関係者はずいぶん熱心に監視しているようで、勉強会に紛れ込んだり、ビルの前で監視したりしているみたいです。彼らも仕事で、我々は見られて困ることはないので、とくにもめるようなことはありませんが。

●政治活動は行動力と発信力

やはり政治活動には、発信力が大切です。我々は、勉強会やフォーラムなどで議論したことや実践したことを発信しています。何が問題で、それを解決するためにはどうすべきか。動いた結果どうなったか。その結果を受けて次はどうすればいいのか。これらを発信しています。とにかく政治活動は、行動力と発信力だと思っています。

たとえば海外などでは、既存のマスコミが報じない現状を視察し、事実を確認していますが、これはレコンキスタ紙の価値を高めることになります。日本人は情報操作を受けやすく、真実を提起して考えてもらう材料を提供するのが、我々の役目であると思っています。その意味で、いろいろな方と現地で意見交換をする必要があります。北方領土問題の解決や日ロ平和条約の締結を本気で目指すなら、机上の知識も必要ですが、ロシアでロシア人と議論することが自分の血となり肉となります。それを発信して、多くの人たちに現実を知ってもらう。この積み重ねが目標達成につながっていくのではないでしょうか。

さらに、問題提起を具現化するため、建白書の提出に重きを置いています。小池都知事をはじめとして歴代の都知事にもいろいろ提出してきました。また、安倍首相には憲法改正の内容に対して、「自衛隊明記には反対だ。明記すれば国防軍へ移行する際、再び改正しなければならない」と持論を書面にして展開しています。

たとえば、平成三〇（二〇一八）年の自民党総裁選挙では、石破議員が日米地位協定の改定を明言しました。公言した以上は、実行してもらわなければ困ります。「口だけでなく実行すべきである」と論陣を張っていき、背中を押して実行してもらうことが、私たちの役目だと思っています。そして、その過程と結果を発信していくわけです。

●主張の変化を見逃さない

第二次安倍政権は、建国記念日を政府主催で行なうと公約しました。私も政府主催で実施すべきという意見です。

ところが平成二七（二〇一五）年になると安倍首相は、「建国記念日の催しは歴史のある国はやらない」と言い出しました。「革命で誕生したような国は式典をやっているが、日本はいにしえより存在する国なので、静かに迎えるのも一つの考え方」であるとしたのです。これもごまかしです。

どうして政府主催で実施できないのか。それは、公明党に対する配慮があるのかもしれません。創価学会では神社仏閣の参拝は謗法《ほうぼう》です。政府主催で祝賀大会を開催すると、たとえば神式で祝賀大会を行なうかどうかなどの問題が生じます。それで安倍首相はごまかしているのではないでしょうか。最初からそういうところまで調べていたら、後になってごまかす必要もなかったはずです。脇が甘いと言わざるを得ません。

この件で、私は、外交関係レセプションの席でお会いした山口那津男公明党代表に質問状を出しましたが、今のところ、難しい問題なのでしょう、回答は頂いておりません。いずれ頂けるものと思っています。

公明党の回答はともかく、自民党は自分で「やる」といったことを実行しないのはいかがでしょうか。

たとえば平成一七（二〇〇五）年の総務会で、「新憲法草案」を党議決定して「内閣総理大臣を最高指揮権者とする自衛軍を保持する」と明記しました。

ところが「自衛軍を保持」が、いつの間にか「憲法を改正して自衛隊を明記する」に変わってしまいました。自衛隊が今のまま憲法に明記されると、米国の要求で紛争地域に出ていかなければならなくなります。戦死者も出るかもしれません。自衛隊には国土防衛の崇高な使命があります。それを米軍の第二軍として使おうというのです。これを認めていいはずがありません。

日本の舵とりをしている自民党が、こんなにコロコロ方針を変えていいのか。自民党支持者こそ、「主張を変えるべきでない」と声を挙げるべきではないでしょうか。また、首相は説明責任を果たすべきではないでしょうか。黙っていては、やりたい放題になってしまいます。

3　私は、いかにしてナショナリストとなったか

●ベトナム戦争期の原風景

ここから少し、個人的な話をさせていただきます。まずは、私の思想を形成した幼少期から青年期を振り返ってみたいと思います。

昭和三一（一九五六）年、東京都文京区で生まれた私は、小学校三年生のときに東京都日野

市に引っ越します。ベトナム戦争で北爆がはじまった頃です。

近くには米軍の立川基地と横田基地がありました。小学校の校庭で遊んでいると、毎日のように米軍輸送機の飛来が襲ってきました。輸送機は校庭に大きな影をつくります。はっきりとした影を落とすほど、低空を飛んでいたのです。

当時は府中市にも米軍基地があって、京王線に乗っていると、女性を連れた米兵が偉そうに日本人を押しのけながら歩いているわけです。高慢な米兵と卑屈な日本人。これが私の原風景の一つで、「これは何なんだろう?」という素朴な疑問がありました。

高学年のときにベトナムの独立の父と言われたホー・チ・ミン氏が亡くなりますが、テレビのニュースで「米国に対抗したベトナムの指導者」として紹介しているのを見て、シンパシーとはいかないまでも、何か感じるものがありました。判官びいきの性格がすでに芽生えていたのです。

さらに、『遊撃戦』という戦争を題材にしたテレビドラマに夢中になって、主人公の生き方に影響を受けたり、主人公を演じるバンカラな佐藤允氏に憧れました。バンカラ好きも小学生の頃からのものです。

中学校では三年間同じ男性教師が担任でしたが、この日本教職員組合所属の英語教師とは相性が合わず、良くも悪くも反面教師として、私の人生を形成する要素の一つになったと思います。この先生は当時よくいた、戦後民主主義を体現していると自負しているようなタイプでした。しかし、どうにも教条主義的なところがあり、理屈はわかっても、誠《まこと》が感じられず響くものがないのです。彼の説く民主主義は、私にとっては自己中心的な考えに感じられ、あまり好感を持てませんでした。この先生を通じて個人主義に対する拒否感みたいなものがつくられたのかもしれません。学校の授業で体育館に集合して北爆の映画会などが行なわれましたが、そういう面では勉強になることをしてくれていたのだと思います。

校庭から見上げた米軍輸送機、駅で見かけた高慢な米兵と卑屈な日本人、ホー・チ・ミン氏の死、テレビドラマ『遊撃戦』、北爆の映画……それらが渾然一体となって、だれに教えられたということもなく、視覚的な刺激と自分なりの思惟によって反米感覚、もしくは判官びいきの性格がつくられたのだと思っています。

●米国への憧れと反発

当時の若者の情報源はラジオの深夜放送でした。テレビでは聴くことのできない英米国のヒットチャートが流れてきて、中学生だった私もクラスメートもみんな深夜放送に夢中になりました。

在日米兵向けのＦＥＮ（極東放送網）というラジオ放送があります。ＦＥＮには米国の最新のヒット曲からマニアックな曲まで一日中流れているので、ＦＥＮばかり聴くようになる友だちも出てくるわけです。しかしなんとなく、そこまでいくと私は、相容れないものを感じました。米国を盲目的に追いかけているように感じられて、なじめなかったのです。

クラスメートがそうであったように、日本の若者の流行が米国に引っ張られれば引っ張られるほど、私はあまのじゃくで、逆の方向に向かいました。軍事雑誌『丸』（潮書房）を何人かの友だちと読んだり、『日本のいちばん長い日』などの戦争映画を観に行ったり、真珠湾攻撃やミッドウェー海戦を調べたり、そういう方向に少しずつシフトしていきます。

一方で、「大学生が立川基地で、米兵の遺体処理のアルバイトをして二万円もらっているらしい」と友だちが騒いでいると、やはり子どもなので単純に、米国のむごたらしさの中に妙な面白さの魅力を感じたりもしました。

まだまだ思想というものはなく、米国の文化や豊かさに魅力を感じるいっぽうで、日本人の迎合に反発を覚えたり、大東亜戦争に興味をもったりしたわけですが、そこには常に米国という存在がありました。

●政治的事件と左翼との接点

一九六〇年代後半の日大紛争や東大安田講堂事件のとき、私は十代前半で、学生たちが角材を持って闘ったり石を投げているのをテレビのニュースで観ると、判官びいきの性格をくすぐられたのか、何か惹かれるものがありました。とくに成田闘争で、農民の女性や自分と同じような年齢の少年行動隊が機動隊と闘っている姿を見て、熱いものを感じたものです。

三島由紀夫氏が楯の会の会員とともに市ヶ谷の自衛隊駐屯地に乱入した三島事件が起きたとき、私は中学生でしたが、率直に言って、テレビや新聞で騒いでいるという程度の印象しかありませんでした。

インパクトということで言えば、昭和四三（一九六八）年に府中市で起こった三億円事件のほうが、地元エリアということもあって衝撃的でした。

中学生から高校生にかけて、浅間山荘事件をきっかけに連合赤軍の実態が明るみになりますが、とにかく悲惨だという印象しかありませんでした。『総括』という映画を観ましたが、気持ちの良い思いは一切しませんでした。しかし、左翼批判というところまでには至りません。ただ、左翼自体を根本的に勉強しようと思っていなかったのかも知れません。

私の身近で左翼活動をしていた人物は何人かいましたが、中学校の一年先輩が、どこまでやっていたかはともかく、革マル派になったようです。彼は中央大学に進学し、家が近いということもあってたまにすれ違うのですが、彼がわが家に遊びにきたとき、部屋にあった週刊誌『朝日ジャーナル』を見て、「こんな軟弱なやつを読んでいるんじゃダメだ」と言ったのを印象的に憶えています。そして彼の家に遊びに行ったら、革マル派の創始者・黒田寛一氏の『マルクス主義の形成の論理』や『社会観の探求』などがあるわけです。「これやるから読んでみろよ」と黒田寛一氏の著書を渡されました。家に帰って読んではみたものの、「かなり難しい本だなあ」という印象でした。

●時代に迎合しない高校生活

私は国士舘高校に進学しますが、これは近所に住んでいた国士舘大学に通っていた先輩の影響です。当時の国士舘高校は国粋主義的な教育で有名で、先ほどの中学の担任には反対され願書も書いてくれませんでしたが、家族の反対はとくにありませんでした。

どんどん世の中が軽くなって、米国文化を追い求める時代に、入学式の舘長登壇で「軍艦マーチ」がかかるという高校です。バンカラ気質の私にはぴったりで、生き生きとした高校生活を送りました。時代に迎合しない教育が自分に合っていたわけです。

個性豊かで経験豊富な先生がたくさんいました。草地貞吾校長代理は、関東軍作戦主任参謀を務めて、一一年間シベリアで抑留を経験した方です。また、かつて零戦のパイロットだった数学の先生は、グラマン戦闘機と繰り広げた空中戦の話が生徒に人気がありました。

漢文の斎藤先生は学生と同じく学生服を着ていて、「一週間で『教育勅語』をすべて覚えてこい！」とやるわけです。たとえば毎週月曜日、第一時限目は訓話という授業あって、「天地正大の氣、粋然《すいぜん》として神州に鍾《あつま》る。秀でては、不二の嶽《がく》となり、巍々《ぎぎ》として千秋に聳《そび》ゆ」という漢詩「正氣の歌」を教えてくれます。

紋切り型の戦後教育から離れて、いかに日本人の心はしっかりしていたかを学ぶわけです。ふつうの高校に入学したら出会えない貴重な知識を得ることができました。私としては、右翼というよりも「日本に存在した思想や歴史を学んでいかなければ」という意識でどんどん吸収していきました。

軍歌もいろいろ聴きました。聴くだけでなく作詞作曲はだれで、いつ創られてどういう背景がある曲だということを、友だちと競います。

五月三日は憲法記念日で祝日ですが、「当校は現行憲法を認めておりません」ということで、国士舘高校は休みにはなりません。また、天皇陛下の誕生日には分列行進をやりました。

朝鮮高校とは因縁の肉弾戦が日々くり返されます。しかし、「日本人として卑怯なことはするな」という教育を受けています。この「卑怯なことはするな」は、社会生活のマナーにも当てはめて行動します。たとえば、バスを待っている列に割り込むような者がいたら、注意をしろと教えられているわけです。注意をしても聞かない場合は鉄拳制裁もいとわない。これが国士舘精神というものだと。

「維新史を勉強しなければ何も理解できない」と言う元村という先生がいて、幕末の国学者・伴林光平《ともばやしみつひら》や天誅組の変で有名な土佐藩の吉村虎太郎の残した文を薦められたり、村上一郎の『幕末　非命の維新者』という著書を教えてもらって読みました。同時にこの先生は、日本のアヴァンギャルドの先駆的存在といわれている花田清輝の魅力も教えてくれました。右一辺倒でなかったところが、教師として素晴らしかったと思います。

●衝撃的だった経団連襲撃事件

高校の先生に薦められて三島由紀夫を読みました。『反革命宣言』『行動学入門』『文化防衛論』、そして決起の檄文も読みましたが、まだまだ自分のものにすることはできず、その頃は一応読んだという程度かもしれません。

後に得た知識ですが、『花ざかりの森』『潮騒』『金閣寺』などを発表した純文学の作家が、楯の会をつくるものの、実際は「おもちゃの兵隊」と揶揄されていた――リアルタイムで知っている人には、このイメージが強いという見方も少なくありません。しかし、檄文に示されているように、自立問題にいたってはさすがの洞察力で、現代でも色あせていません。

当時、国士舘高校では、一般的に教えられていなかった歴史観を学びました。しかもそれは、国が提供するうわべの歴史観とは違う本質的なものでした。当時の国士舘高校を知っている人は、「硬直した右翼教育をしていた」と思っているかもしれませんが、実は柔軟で幅広い教育を行なっていたのです。現在、私のなかで右翼的な歴史観と対米自立が両立しているのも、高校で受けた柔軟な教育が土台になっていると自己分析しています。

そして昭和五二（一九七七）年、経団連襲撃事件が起きました。新浪漫派の野村秋介氏や元楯の会の伊藤好雄氏らが、戦後体制の欺瞞に鉄槌を下すことを目的に、ピストルや猟銃、日本刀を携えて経団連会館に侵入、職員一二名を人質に籠城した事件です。

憲法改正、安保廃棄、ヤルタ・ポツダム体制打倒という野村氏の檄文に、私は衝撃を受けます。この事件は、武闘派ニューライトなどとマスコミに批判されましたが、私は野村氏の主張に正しさを感じたわけです。

経団連襲撃事件をきっかけに、私は主体的に政治活動に入っていくことになります。高校の先輩たちが指導を受けていた日本青年社でも活動に参加していましたが、その後、尖閣列島の魚釣島へ上陸して灯台を建設する行動などを行ないました。そして、より根本的問題の解決を目指すために、『腹腹時計と〈狼〉』を読み一水会の勉強会に出席したのです。

●社会政治活動と並行しながらの大学進学

少年時代に目覚めた感覚的な反米感情や軽佻浮薄になっていく世の中への違和感を抱いて国士舘高校に入学し、独自の歴史観や人生観を身に着け、次第に実践的行動に移行していった私の青春時代でしたが、一方では、そのような環境で育った自分が客観的にどう評価されるのだろうという思いもありました。私はいわば、右翼的環境で純粋培養されたわけですが、そうであるがゆえに、「自分の主張は絶対に正しい」と独善的になってしまうことに警戒していました。井の中の蛙になってしまっては、民族派として取り組むべき本質的な問題を解決できません。

昭和六二（一九八七）年、三〇歳の時に一念発起して大学進学を目指すことにし、翌年、慶應義塾大学法学部に入学します。

社会政治活動と両立しながらの大学生活でしたので、非常に苦学しました。とりわけ、件の中学校の先生のこともあってか英語は難儀で、単位修得に苦労したものです。大学では自己研鑽や人脈作りなど、民族派の自覚のもとに学生生活を送りました。著名なマルクス研究者であった寺尾誠教授から「この右翼め」と、愛憎をこめて怒鳴られたことも、今では良き思い出です。

卒業論文は小林節教授の指導を受け、「憲法改正論」。平成八（一九九六）年に卒業後は、慶應義塾大学大学院法学研究科科目等履修生となり、外国法の単位を取るなどし、今も何かと慶應出身の変わり者として、あっちこっちに呼ばれたりしています。創立一五〇年を機に、慶應義塾大学のOB有志で学徒出陣塾員・塾生の戦没者慰霊祭を提起させていただき、現在も玉川博己代表幹事らと挙行しています。

活動にのめり込み過ぎて、臭いメシを喰うなどの経験を経ての大学進学でしたが、語学を除き、割と単位取得は好調でした。これも活動でいろいろと学んだ成果であったと思います。何よりも慶應義塾大学で、自分自身が学んできたことが通用するのかを試してみたかったのです。

高校時代に得た歴史観という土台に、大学で学んだ法理論や法の精神を構築したことは、現在も私の活動の礎となっています。政治社会運動において、理論と実践は両輪にあって補完し合うものですが、政治社会活動と学生生活の両立は、まさに私の行動指針そのものであったように今も思います。

4　民族派のなかの一水会

●「社会のための運動」かどうか

経団連襲撃事件をきっかけに本格的な政治活動をはじめた私ですが、社会には政治活動が不可欠であり、政治活動には継続力が必要だと考えています。間違った政治が行なわれていれば、それは糺さなければなりません。改善するためには運動が必要で、それは改善されるまで続けなければ意味をなさない。だから継続力が必要になるということです。

改善するためには、自分自身の勉強はもちろん、いろいろな立場の人との対話が必要で、発信も必要です。そして多くの人たちと意識を共有していかなくてなりません。独りよがりの政治活動は、政治活動とはいえません。

自分の居場所の確保や売名のためであってはならず、「本当に改善する」という意思と戦術、実行力、継続力をもって、結果を出さなければ政治活動とは言えないのです。当然、結果と実績が問われる世界です。

私が関わってきた三五年間を振り返ってみると、昨今の民族派総体の活動が社会から信頼を得ているのか、甚だ疑問です。影響力もほとんどないのかもしれません。かつてと比較してみると、随分小ぶりになったように感じます。

民族派総体として、自分たちの活動を「社会のための運動」と捉えられているのか。真剣に民族派として活動をしていこうと考えている人たちが「社会のための運動」という枠組みを構築していけば、ヘイトスピーチみたいな歪んだナショナリズムは出現しないのではないかと思います。

いままで「社会のための運動」という枠組みをつくってこなかったことを直視し、不健全なナショナリズムに対しては、「あなたたちがやっていることは、民族本来の大和魂とは違っている」ということを示していかねばならないのです。

●ほかの民族派と異なる一水会の視点

我々は「日本の自主独立」を目指して活動しています。そのために日米安保条約を破棄しなければならないし、在日米軍は撤退してもらわなくてはならないと考えています。少しでも目標に近づけるように、日本政府や立法、行政関係者と対話をして、対抗すべき点は対話をして、対抗すべき点は対抗しています。要するに実践しているわけです。

ほかの民族派の方々のスローガンを見ると、国体護持、反共、共産党反対、拉致問題の解決、中国・朝鮮との国交断絶などがあります。国体護持や拉致問題は我々も掲げていますし、ほかの民族派のスローガンを批判するつもりはありません。

一方で我々は、中国、韓国、北朝鮮とも対話をするという姿勢をもっています。拉致問題も対話をしながら解決するという方針です。そして、日米安保条約の破棄に尽力しています。ほかの民族派と我々は、根本的に視点が違うわけです。

昭和五〇（一九七五）年に創刊した機関紙『月刊レコンキスタ』を発行し続けています。発行部数は約三〇〇〇部、平成三〇（二〇一八）年一〇月時点で四七三号にいたっています。

●私の暗号名は「イーグル・ワン」

日米安保条約の破棄に言及している右翼はあまりいないかもしれません。安保条約に反対すると、「共産党の回し者だ。共産主義者の陰謀にはまっている」と批判の対象になります。だから一水会はほかの右翼から、「共産党の回し者」「朝日新聞御用達右翼」などと呼ばれています。さらに拉致問題を扱ったり、在日本朝鮮人総連合会の六〇周年大会に出席して交流しているので、「朝鮮右翼」などと実にバカバカしい呼称をネットなどで撒き散らされます。

私がイラクに何回も行っていることを指して、「サダム・フセインのスパイだ」と言う人もいます。サダム・フセイン政権の諜報組織「ムハバラート」跡地から見つかった書類に私に関する記述があって、「イーグル・ワン」という暗号名で呼ばれていたことから、そのように言うわけです。

私がバアス党と仲良くしていて、自主的にイラクを応援したのは事実です。そして、一〇年以上にもわたるイラクとの連帯は、新聞や雑誌、講演会などで語っていますし、ＣＩＡも知っているはずです。スパイが指令を受けて行動するのに対し、私は自主的に動いているのです。

それにしても、在日イラク人が「１０４０号」などの番号で呼ばれているのと比べたら、「イーグル・ワン」はカッコよく破格の扱いだと笑ってしまいます。

どうして暗号名が付けられていたかというと、氏名が公になって私の活動をつぶしてはいけないというイラク側の配慮があったからでしょう。「暗号名が付いていればスパイ」という発想は軽率で短絡的な物言いですが、こういうことを軽々に言ってしまう人間の書くものは、浅薄で信じるに足りないと確信しました。今ロシアとも交流をしているので、そのあたりで逆に日本の公安関係者と通じている者がレッテルを流しているように思います。

少なくとも今までの経験から、公安関係者が情報を流しているということもあり得るでしょう。私の足を引っ張る目的はおそらく、対米自立を進めようとしていることが目ざわりなのだと思います。

5　真の保守とは

●保守と革新、そして国体とは

ところで私たちは、「保守」と「革新」という言葉を何気なく使っていますが、日本における「保守」と「革新」は、どういうことを意味するのか、改めて考えてみたいと思います。

まず、保守を『大辞林』で調べてみると、「古くからの習慣・制度・考え方などを尊重し、急激な改革に反対すること」「正常な状態を保ち守ること」とあります。

革新は「『革』はあらためる意。古くからの習慣・制度・状態・考え方などを新しく変えようとすること。特に、政治の分野で社会体制・政治組織を新しく変えること。また、変えようとする勢力」とあります。

明治維新以降の軍国体制を保守とイメージしている人が多いようですが、歴史や伝統などを守っていこうとするものを保守とするなら、明治維新以降の国家体制は、日本の二七〇〇年近い歴史から眺めれば、ほんの一時的なものにすぎません。この間にも、五・一五、二・二六などの国家革新の決起行動が数多くありました。ですから、この一時的な国家体制を保守とするのは正しくないと言えます。

では、日本の歴史や伝統で守るべきものは何かというと、やはり「国体」です。国体とは、国家の状態、国のあり方、国家の根本体制という意味ですが、「国体とは天皇陛下のこと」「絶対主義的天皇制度」と考えている人は少なくありません。

昭和一二（一九三七）年、国民教化用として当時の文部省が学者を集めて編纂した『国体の本義』という書物が発行されました。ここで天皇中心の国体護持や万世一系が説かれており、国民に徹底したという歴史があるので、現在でも国体という言葉から天皇制度をイメージして、民族派用語として使われることが多いのです。

しかし私が言うところの国体は、天皇制度を含めた国家という意味合いの強いものです。天皇制度と日本国民が生存してきた共同体的国家を、私は国体と呼んでいます。

なぜなら、天皇制度だけで国家は成り立たちませんし、国民だけでも国家は成り立たないからです。共和制なら国民だけでも国家は成立しますが、共和制をとらない日本では、国民だけでは国家は成り立たちません。

「天皇制度絶対」を国体と呼びたい人がいても、私は否定しません。国体という言葉には思想や信念が込められているので、「国体とはこういう意味です」と、人に押しつけるものではないからです。

私は天皇制度を尊崇していますし、日本文化として存続しなくてはならないと努力していま す。しかし、国民が存在しなければ日本という国家は成立しない。だから、日本の真姿に戻そうと訴えているのです。

●戦前の軍国体制が保守ではない

保守は国体を守ろうとするわけですが、国体はそれぞれの時代で変化します。日本という国家を考える場合、ここはとても重要です。

明治以降の国家体制は、ある意味で武断的な政治でした。二七〇〇年の歴史をもつ真の国体を危うくした体制です。だからその国家体制は、本当は保守から見れば敵になるわけです。ここを勘違いしている人は少なくありません。明治国家体制を保守、それを否定するものを革新とする構図は間違いです。

大東亜戦争で負けた日本はGHQの占領下に置かれます。GHQの政策には、保守と革新の両面がありましたが、革新が戦前の国家体制を否定したので、武断主義を守ろうとした人が保守に位置することになりました。

その結果、革新が日本共産党系や日本社会党系で、対抗する反共運動が保守という構図ができました。保守があとから出てくるというねじれが生じてしまったわけです。この場合の保守も、本来の保守とは異なるものです。

ところで戦前には、昭和七（一九三二）年の血盟団事件と五・一五事件、昭和一一（一九三六）年の二・二六事件などの政治的な事件が起こりましたが、これらは本来の国体を守ろうとした動きです。つまり、国体を守るために新しい社会をつくろうとした、いわば国家革新運動です。

国体を守るために新しい社会をつくる。一見、矛盾しているようですが、そうではありません。なぜなら、明治以降の国家体制は、本来の国体を危うくした体制だからです。その体制を破壊して本来の国体をとり戻す。今ある政治体制を壊して新しい社会をつくることが革新ですが、その目指す社会は、今の社会よりもまず原点回帰して、革新社会を目指そうとしたわけです。先に挙げた戦前の政治的な事件は、保守と革新が混然一体となったものだったのです。

さらに言えば、本質的には保守と革新は敵対するものではありません。保守だからこそ、もっとも新しいものを守るために、革新以上に先鋭的に革命を目指さなければならない。なぜなら国体は時代で変化するものだからです。これが保守の真髄です。

だから、戦後における明治から敗戦までの国家体制の扱いを真ん中に置いて、保守と革新を定義するのは危険です。本質を見落としてしまいます。

つけ加えておくと、ある問題が起きたときに、その問題に対して批判を超えて問題提起するのが、保守であり革新の本来の姿です。

●海外経験を通じて学んだ国権と生存権

私は自分のことを保守であり革新だと考えています。保守の部分でいえば、国体や日本民族をベースに思想を構築しています。革新の部分では、日本のあり方に改良なり変革すべき問題があれば是正すべきだと行動しています。

ところで、ひとくちに革新と言ってもさまざまですが、いわゆる革新の人たちの多くは、「人権」に重心を置いてものごとを考えます。

たとえば、社民党や日本共産党、沖縄県で在沖米軍基地の反対運動をしている人たちの重要なキーワードの一つに「人権」があります。もちろん、私も人権は大切だと思いますが、常に「人権」の集合体である「国権」の視点から物事を考えようとします。ここが革新の人たちと私の相違点です。そして人間が社会的な存在であることを鑑み、「人権」よりは「生存権」という言葉の方が私の思想には合っていると思います。

何か問題が生じたときに、私は「国権」を中心に「生存権」まで視野に入れて解決策を考えようとするわけです。だから「人権」を中心に解決策を考える人たちとは思想的に異なります。わかりやすくいえば、「定住者という人たちの人権が侵されている」という部分に重きを置くか、「日本人というアイデンティティを持つ人の生存権が侵されている」という部分に重きを置くかという違いです。

どうして私が「国権」を中心に「生存権」まで視野に入れて考えるかというと、海外で触れたいろいろな出来事や問題の根底に、民族が存在していることを理解していることが大きいと思っています。

たとえば、バグダッドにおけるバアス党との交流です。湾岸戦争以降のイラク、NATO空爆後の旧ユーゴスラビアの訪問、フランス、ドイツ、ロシア、リビア、シリア、マレーシア、南オセチア共和国、クリミアなどにおける現地の民族主義政党や団体、政治家、そしてそこで暮らしている人たちとの交流です。とくにイラクには二〇回以上足を運んでいますが、米国が侵略する直前のイラクに滞在した経験も、私の思想に大きな影響を与えました。

政治であったり油田や兵器利権の犠牲になって殺されたり殺されそうになっている人たちを、現地で実際に見ている。自分も空爆に遭っている。そういう状況のなかで、活動を続けている人たちの姿を間近に見てきました。

このような国にいて日本を客観的に見た結果、国権を中心に生存権を考えるべきだという結論に至りました。国権の統治と行使に正当性がなければ、国民の生存権は簡単に脅かされてしまいます。国権という視点は机上の論理ではありません。言いかえれば「主権」ということになり、対米従属によって主権が損なわれている状況を変えるために行動しているのです。

もちろん、経験があるから正しいと言っているわけではありません。ただ、日本しか知らずに「対米自立」を主張しているわけではない、ということです。

おそらく、私のことを「いわゆる右翼」だと思っていた人は、本書を読んで「これはむしろ左翼じゃないか」と戸惑っている人もいるのではないでしょうか。

私は自分のことをナショナリストだと思っています。もちろん愛国的な「一ナショナリスト」です。

左翼との最大の相違点は、思想の根幹にナショナリズムがあることだと思います。私は、日本という国の平和と繁栄を希求する精神のもとに、対米自立という具体的な課題を掲げています。左翼と言われる人たちは革新を掲げますが、その根底には何があるのか。その多くが、「人権」「世界市民」といった概念からの批判であったり、物事への切り込みです。私からすると、ナショナルという根っこを否定してしまっているように思えてならないのです。

6　まずは矛盾を知ることから始まる

●安倍首相が目指す主権回復という言葉

安倍政権は私から見れば、従米に基づく政治政策を大きくして国民の共同体を抑圧する方向に動いています。安倍政権が目指す政治政策は「対米従属」で、私が目指すのは「対米自立」ですから、真逆です。

国を統治して外交などを行う権力が国権ですが、日米安保条約に象徴されるように、日本の国権は米国に侵されています。だからまずは、対米自立して米国から主権をとり戻す必要があります。

日本の主権をとり戻す。これを具体的施策に落とし込むと、本書で提起している在日米軍が支配している空域の削減、在日米軍基地の出入自由の中止、思いやり予算の削減、在日米大使館の敷地における賃貸料の適正化などで、解決すべき問題は山積みです。

もちろん、日米安保条約と日米地位協定を一気に破棄することが理想ですが、実態はそう単純ではないので、不合理なものを徐々に改善していく方法が現実的です。

安倍首相が目指す政策は、彼はこれを「戦後レジームからの脱却」と主張していますが、当初は言葉通りであったものの、米国から脅かされて内容を変えてしまいました。「戦後レジームからの脱却」という言葉は、「占領下につくられて、いまだに続いているものを改善していこう」というように自由を広げる印象を与えますが、安倍首相が目指しているものは、植民地国家のなかで動かす安保法制、それに基づく従米改憲なのです。

日本国民は沈黙している場合ではありません。日本の自立が制限されようとしているのです。

●朝鮮戦争の終結と横田基地

日米安保条約を考えるときに、見落としてはいけないことがあります。それは朝鮮戦争の終結との関係性です。

朝鮮戦争がはじまったのは昭和二五（一九五〇）年で、サンフランシスコ講和条約と旧日米安保条約の締結は昭和二六（一九五一）年です。つまり、安保条約を結ぶ前に朝鮮戦争が始まってしまったわけです。これは米国の計算違いだったはずです。

朝鮮戦争が勃発したとき、国連決議に基づいて国連軍が編成されます。この国連軍の司令部が、占領下の横田基地に設置されました。このような動きのなかで、サンフランシスコ講和条約よって日本は主権を回復したとされますが、すぐ国連に加盟できたわけではありません。

つまり横田基地の国連司令部は、日本が国連に加盟するまでのあいだまで撤退していなければならないわけです。しかし朝鮮戦争は継続中で、米軍は撤退するわけにはいきません。とても面倒な状況です。そこで米軍が日本にいる正当性担保のために、強引に日米安保条約が結ばれたのです。そして第2章で述べたように、現在も朝鮮戦争は終結していないので、国連司令部は横田基地に置かれたままなのです。

要するに日米安保条約には、「米国の朝鮮戦争対策」と「米国が日本を支配下に置く」という大きく二つの意味があります。二重構造と言ったほうがいいかもしれません。

ところで、最近の米国と北朝鮮の関係を見ると、朝鮮戦争の終結も夢ではありません。朝鮮戦争が終われば、横田基地に置かれた国連司令部は必要ありません。解体されます。

ここで議論が起こるはずです。国連司令部は日米安保条約に含まれるものなのか、それとも日米安保条約とは別のものなのかと。

別のものであれば、横田基地にいる在日米軍も司令部といっしょに撤退しないと、日本の外交に不利益が生じます。なぜなら、朝鮮戦争が終結したのに米軍が残っていたら、それは国連軍とみなされて、日本が北朝鮮の敵対国家になってしまうからです。

逆に、国連司令部が日米安保条約に含まれる場合、撤退にあたって安保条約との関係が問題になります。わかりやすくいえば、安保条約の朝鮮戦争の分が縮小されなければ合理性に欠けるわけです。日本は「撤退と同時に安保も縮小すべき」と米国に主張しなければ、国内だけでなく世界から疑問視されるでしょう。ひるがえって言えば、日米安保条約を縮小するチャンスです。

ですから、北朝鮮との国交正常化交渉を含め、または日米安保条約の縮小に向けて、朝鮮戦争が終結する前にこれらの問題をはっきりさせておく必要があるわけです。

●アジアの平和のために各国と条約を

現在、日本と朝鮮民主主義人民共和国の間には対話のラインが存在しません。まずはこれを構築しなければなりません。それは、軍備ではなく、平和の構築にどれだけ日本が予算を投入できるかにかかってくると思います。拉致問題と並行して国交の正常化に着手することが理想ですが、これを米国が許すはずはありませんし、対米従属の政府も米国に従うだけでしょう。

今後の日本を考えると、まず、日米安保条約の改定または破棄をすること。また同時に、日ロ平和条約の締結があるべき姿です。

現在の日ロ間は、昭和三一（一九五六）年の日ソ共同宣言で国交が回復して、昭和四八（一九七三）年の日ソ共同声明で条約締結のための努力がうたわれただけです。これを平和条約に前進させ、経済協力していくことが、日本の将来を考えたときに必要です。

ところで平成二八年、平成三〇年と二度にわたって尖閣諸島の接続水域内に潜水艦と軍艦を入域させた中国とは、日中平和友好条約を結んでいます。平成三〇年は、日中平和友好条約を締結して四〇周年になります。

ちなみに、韓国とは日韓基本条約が結ばれていて、北朝鮮とは単独講和は結ばれていません。見落としがちですが、日本と米国とのあいだには友好条約や平和条約という二国間のルールは、実は存在していないのです。サンフランシスコ講和条約は、日本と米国の二国間の単独講和ではありません。要するに、日米安保条約が結ばれているだけなのです。日米安保条約は不平等で平和を約束するものではありません。従属を約束する条約です。

従属を脱して、米国と平和条約を結ぶことが私の主張です。この考えは、すでに安倍首相に建白書で進言しています。

真に日本を取り戻す憲法改正は、このような外交問題が整理されてからになります。外交状況を踏まえたうえで着手しないと、適切な改正はできません。くり返しになりますが、憲法第九条の改正は従米改憲であってはならないのです。実際に国土を守るという崇高な使命のもと、対米自立による国軍創設で行なわれるべきです。

このような流れの中でアジア平和協定を提案し、どのように構築できるか模索していかねばなりません。対米一辺倒の植民地外交を転換しなければならないのです。とにかくアジアの平和を安定させなければ、各国と結ぶ条約がムダになってしまいます。

ここにたどり着くまで、どれだけの時間が必要になるでしょうか。おそらくは、若い人たちに託さなければならないでしょう。

日本が世界から尊敬されて、諸外国と平和な外交が行なわれるためには、まずは、若い人たちに日本の現状、とくに矛盾を知ってもらわなければなりません。独立国家日本と国民の尊厳を勝ちとるために、私もさらに生涯ナショナリストとして努力を傾注していきますが、若者の奮起にも期待したいところです。

これからの日本は少子高齢化がさらに進み、ますます大変な時代を迎えます。大変な時代になるからこそ、戦後の遺物である対米従属の安保体制から脱することを前進させ、「対米自立」を実現しなければならないのです。

対談 孫崎享×木村三浩
対米従属を脱し、自主独立を果たすために

孫崎享

木村三浩

孫崎　享（まごさき・うける、評論家、元外交官）

一九四三年旧満州生まれ。一九六六年東京大学法学部中退、外務省入省。イギリス、ソ連、アメリカ、イラク、カナダ勤務を経て、駐ウズベキスタン大使、国際情報局長、駐イラン大使を歴任。二〇〇二年より二〇〇九年まで防衛大学校教授。

著書に『戦後史の正体』（創元社）、『アメリカに潰された政治家たち』（小学館）、『日米同盟の正体——迷走する安全保障』『不愉快な現実——中国の大国化、米国の戦略転換』（以上、講談社現代新書）、『日本の国境問題——尖閣・竹島・北方領土』（ちくま新書）、『日本人のための戦略的思考入門』（祥伝社新書）、『転ばぬ先のツイ』（メディア・パル）、『日本の「情報と外交」』（ＰＨＰ新書）など。

1　諜報活動と戦後の日本

●スパイの目的は敵を殺すのではなく育てること

孫崎　最近、『ゴルゴ13』に関する文章を書く機会があって、過去の自分の記憶を整理してみたんです。それでスパイついていろいろ考えたのですが、私なりに一つの結論にいたりました。それは何かというと、スパイの目的は、自分たちの政権に都合の悪い人間を殺すことよりも、自分たちの政権に都合の良い人間を育てることだということです。

木村　育てるというのは？

孫崎　たとえばイギリスの諜報機関・ＭＩ６の人間は、「私はＭＩ６だ」と正体を明かして相手に接触していました。映画などの影響で、スパイは正体を隠して活動すると私たちは思っていますが、ＭＩ６は「俺はスパイだ」と名乗っている。自分のところに対象国の要人が逃げ込むことを想定して、自分の素性を明かしていたのです。

対象国には不満をもっている要人が必ずいます。ところが不満をもっている者を探すのは労力がかかる。向こうから寄ってくるように仕掛けたほうが効率的です。このようにして不満をもっている人間と接点をもって、情報を入手し、なおかつ自分のエージェントにして、もといた組織で同じように働いてもらうわけです。殺しもやっていると思いますが、それは下級スパイの仕事で、上級スパイの本業ではありません。

木村　じゃあ、映画では大活躍の『００７』やスナイパーの『ゴルゴ13』は、諜報機関のエリートとは言えないわけですね。

孫崎　そう考えると夢がなくなるけど（笑）。アメリカのスパイが日本に入ってきてエージェントをつくると考えると、実際、日本の政・財・官、マスコミ、つまり戦後の体制そのものがアメリカのエージェントになったと言えるわけです。それほどひどい状況です。

木村　占領時はともかくとして、いまだに日本は存在そのものが米国の諜報機関ですね。戦後の日本人にも、民族派の論客の葦津珍彦氏のようにＧＨＱに抵抗していた人はいました。ＧＨ

Qに「協力しろ」と脅されても抗った人はいるわけです。

孫崎　当時は時代の流れとして反共がありましたね。

木村　そうですね。反共で利害が一致して、知らず知らずのうちにエージェントにされてしまった民族派の方々は結構多いでしょう。だけど国民全体を見ると、極論ですが「日本人総エージェント」。そういう構造が米国につくられたと思いますね。

先ほどの下級スパイが敵を殺すという話ですが、知ってはいけない秘密を知った者で、なおかつ裏切り者が殺されるわけですが、それ以外でも殺される可能性はあります。たとえば、占領下の昭和二四年に下山事件が起きました。国鉄総裁の下山さんが轢死体で発見された事件ですが、自殺なのか他殺なのか、他殺なら犯人はだれなのか、未解決で捜査は打ち切りになりました。GHQは自殺説を押さえ、国鉄当局の大量首切りに反対する労働組合による他殺説を流布させ、労働運動の沈静化を図ったと言われていますが、私はGHQのスパイが動いた可能性が強いと考えています。

孫崎　支配する側は、被支配者が走り過ぎるのを嫌がりますからね。

●エドウィン・ライシャワーの〝功績〟

孫崎　東京裁判はまさにスパイ工場でした。捕らえられた日本人は、命と引き換えにスパイになったわけです。岸信介さんはA級戦犯被疑者として三年半勾留されましたが、不起訴のまま無罪放免されました。逮捕されなくても、「戦犯にするぞ」とおどされてスパイになった日本

人はいくらでもいます。周囲がそういう状態だから、GHQが接触してきて「スパイにならなければ殺しますよ」と囁かれたら、スパイになる以外、選択肢はなかった。そういう時代です。

木村　GHQがつくった日本のスパイ体質が、そのまま現在も続いていると考えて間違いないですね。

孫崎　間違いないでしょう。日本ほど完成度の高い諜報機関はありません。

木村　米国の最高傑作ですね（笑）。WGIP（ウォー・ギルト・インフォメーション・プログラム）をはじめとして、強烈に洗脳して従属的な日本をつくった。それが七〇年以上経った現在でも活きていることが、逆にすごいと思います。

孫崎　昭和三六年から四一年まで駐日アメリカ大使を務めたエドウィン・ライシャワーが、徹底的に左派工作を行います。ライシャワー大使は日本の左派勢力が大きくなると、日本全体がアメリカの意向に従わなくなると考えました。そこで左派勢力に工作をかけて自分たちのほうに引き入れることに成功します。反アメリカ思想の左派からアメリカに協力する機関をつくったという功績は大きいと言えるでしょう。

木村　ライシャワー大使は知日家で通っています。日本人の青年に刺されて、輸血を受けたときに「これで私の体のなかに日本人の血が流れた」と発言したくらいです。この言葉は巧みなパフォーマンスだったと思いますが。

孫崎　彼はほかのアメリカ大使と違って、日本をしっかり勉強して、さらに日本人と結婚します。これは非常に興味深いことで、日本人女性とどのような関係を築いたかを調べると、その要人の本質みたいなものが見えてきます。現地妻というか、「二号さん」を作った人もいたでしょうからね。

木村　ライシャワー大使は、ＧＨＱが作った日本のスパイ体質を土台にして、左派に工作をかけて米国に協力する機関を作ったので、憎むべき対象であるかのように思えます。ところが日本人と結婚するところをみると、日本人を対等の人間として見ていたとも言える。二重三重の構造があったわけですね。

●どんな武器より癌はすぐれた凶器

孫崎　ＧＨＱがつくった土台をもとに、ライシャワー大使は左派工作を成功させた。つまり連続性があるわけです。日米関係の流れを見ると、平成二年ぐらいから在日米軍基地の問題は、それほど大きなテーマではなくなっています。日本経済をどうするかという点が、アメリカの関心事になりました。

木村　年次改革要望書が顕著ですね。

孫崎　そうですね、アメリカの利益になる日本。そのための構造改革です。だから一九九〇年代、排除されるのは安全保障関係よりも経済関係の人たちのほうが多かった。

木村　そういうなかでも、安全保障関係では「樋口レポート」がありました。米国と距離を置き、日本の積極的な防衛をうたったのが「樋口レポート」ですが、これに関係したり支持した人たちが排除されて、対米自立派はほとんどいなくなってしまった。ミスター防衛庁と呼ばれた西広整輝防衛事務次官も、昭和六三年で退官します。

孫崎　西広事務次官は自分できちんと勉強して、対案を出すような人でした。これはあくまでも偶然ですが、そのときの事務次官と西広事務次官は、二人とも癌で亡くなっています。

木村　癌というのが絶妙ですね、二人とも交通事故なら怪しまれるけど。

孫崎　そう、むしろ癌のほうが可能性は高いわけです。癌は犯行が見つからないから。

話は横道にそれますが、私はある時期、イスラエル中央情報局のモサドから「あなたはイラン大使をしていた。その経験や意見を聞きたい」と求められて、何回か自宅に招いたことがありました。あるとき、「本国から自分の上司が来るから会ってほしい」と頼まれました。「もちろん会いましょう」というと、「場所はどこにしましょうか？」と訊いてくるので、「あなたはいつも私の自宅に来ているから、ここでいいでしょう」と答えると、「それはできません」と。

「自分はエージェントで駐在だから、あなたの家に行きます。しかし本国の人間にそんな危険な橋を渡らせることはできない」というのです。

木村　自宅だといくらでも仕掛けができるということですか？

孫崎　そうです。それほど緊張した状態でスパイ活動をしているということです。私は別にイスラエルと敵対する人間ではありませんが、仕掛けができる場所に本国の人間を連れて行ったら、何があるかわからないという張りつめたものが、彼らにはある。たしかに自宅なら、水一杯から出すものすべてに毒を入れる準備はできるわけですから。

木村　口にする物だけでなく、ドアノブにノビチョクという神経剤を塗ることもできます。ノビチョクはロシアの元スパイと娘さんに使用されたといわれていますが、そういうものだけでなく、徐々に癌細胞を育成するような、何年か経ってから癌で亡くなるという薬品のようなものもあると聞いています。

孫崎　あの世界では、癌は他殺を悟られないすぐれた凶器だと言われているらしいです。その場で殺すどんな武器よりも、癌がもっともすぐれた凶器だそうです。

木村　または、死因はほかにあっても癌だと診断してしまえば、だれにも疑われません。世界はそういう緊張感のなかで動いているというのに、日本は緊張感がありませんね。そこがまた日本の良いところでもあるんだけど（笑）。

●死体解剖を受けた橋本龍太郎元首相

孫崎　日本にまったく緊張感がないかと言えばそんなこともなくて、たとえば平成八年から平成一〇年にかけて首相を務めた橋本龍太郎さんが死亡したときが、もっとも緊張感があったのではないでしょうか。橋本元首相は、平成一八年に腸管虚血が原因で亡くなりましたが、死体解剖をしています。

木村　表向きは病院の意向で解剖したということになっていますが、実際は家族の申し出だったという噂もあります。

孫崎　橋本元首相の近辺の人たちは、殺されることを想定していたのかもしれません。

木村　日本は米国財務省証券を大量に持っていて、橋本首相が首相でありながら「米国債を売却したい誘惑にかられたことはある」というようなことを米国の大学の講演で発言して、ニューヨーク証券取引所の株価が一時下落したということがありましたね。

孫崎　橋本元首相は、米国のドル支配からの脱却を考えていたんです。一つは、日本円の国際通貨化を主張していました。そして、ほとんど知られていませんが、ヨーロッパの金融界と強い結びつきをもっていました。フランスの金融界、あるいはドイツの金融界です。

木村　米国ではなく、ヨーロッパを見ていたということですね。

孫崎　そうです。フランスやドイツと手をつないで、実際にドルとの対立構造をつくろうとしていました。そうすると、日本からもアメリカからもマークされてしまうわけです。

木村　中国とも仲が良かった。中国の女性スパイのハニートラップに掛かったという話もありました。『週刊文春』情報ですが（笑）。

2　日本のマスコミとアメリカの関係

●内閣から情報を得ている『週刊文春』

孫崎　『週刊文春』で言えば、内調などから情報を得て記事を書いていることは間違いありません。

木村　内調というのは、内閣官房の情報機関の内閣情報調査室のことですね。

孫崎　そうです。内調との関係は私自身が知っていることです。

木村　それは活字にしても大丈夫ですか？

孫崎　大丈夫です。どの機関かはっきりはわかりませんが、内閣の機関で情報調査をやっている人間から情報をもらって記事を書いているのはたしかです。自分の目で情報の受け渡しを見たわけではありませんが、一連の動きからそれは十分に言えることです。もっと言えば、私は状況証拠を持っています。

木村　『週刊文春』と内閣のつながりは、初めて聞きました。

孫崎　正確に言えば、株式会社文藝春秋ですね。株式会社文藝春秋は、田中角栄元首相の追い落としで、昭和四九年に月刊誌『文藝春秋』に立花隆さんが「田中角栄研究～その金脈と人脈」を発表しましたよね。「田中角栄研究」を発表するためにチームまでつくる力の入れようでした。でも一部では話題になりましたが、日本中に届くようなヒットにはならなかった。

それでどうなったかというと、外国特派員協会が田中首相を呼ぶわけです。昭和四九年に現職のアメリカ大統領として初めて、ジェラルド・フォード大統領が日本を公式訪問します。このときの首相が田中さんです。フォード大統領とどういう話をしたか訊きたいという口実で、外国特派員協会が田中首相を呼ぶ。そしてそのなかの四名ほどが、徹底的に『文藝春秋』の「田中角栄研究」の内容で攻めたわけです。

つまり、文藝春秋社とアメリカの機関とアメリカと日本の報道機関が結託して、これを仕掛けた。組織がかなり広範にわたっているにもかかわらず、一気に動く。そういう大きな力が働いていたと思います。

木村 それは四〇年前のことですが、現在にいたるまでいろいろと代替わりがあるなかで、それでも綿々と継承して利権を守ったりしているわけですか？

孫崎 そういうことです。たとえば、アメリカと近いある新聞社があるとしましょう。その新聞社で現在重要なポストに就いている人は、若い頃、ＣＩＡに協力を約束した。だから出世した。まわりの若手はそれを薄々知って、いつの間にか伝統のように、ＣＩＡに協力するレールが敷かれるようになる。そういうことだと思います。

木村　それはたとえ話ではなくて、実際にそういうことが日本の新聞社にあるということですか？
孫崎　そうです。ＣＩＡと噂があった人が、ものすごく出世した例を私は見ています。
木村　それはどの新聞社ですか？
孫崎　それは言えません（笑）。

●ＣＩＡは買収せずに日本人を取り込む

木村　読売新聞社の社主まで登りつめた正力松太郎さんが、ＣＩＡのスパイだったという話は有名ですよね。
孫崎　正力さんの場合はどうか知りませんが、偉くなっていく過程でＣＩＡのチェックが入るわけです。
木村　踏み絵を踏まされて、米国に協力するようになって出世というレールに乗るわけですね。でもスパイになるときに、「協力する」と文字に残すわけではありませんよね？
孫崎　約束の仕方はさまざまです。文書に署名することもあります。あるいは口頭で行なったり、状況に応じてケース・バイ・ケースです。
木村　金品はどうですか？

孫崎　私は金品はないと思っています。買収はないと断言できるのは、人生を売り渡すほどの金額をそれぞれのスパイに渡すというのは、いくらＣＩＡの予算でもムリだから。

木村　たしかに世界中にＣＩＡのスパイがいるわけだから、いちいち買収していたら予算がもちませんね。

孫崎　新聞記者にとって、何が人生の目的かといえばネタやスクープ、そして出世、重要なポストに就くことです。だから、スクープを握らせて出世できる状況をつくってやればいいわけです。

木村　人事権まで握っているということですか？

孫崎　人事権というか、上層部の人間に「あの若手は私たちに協力的なんですよ」と囁く。そうするとその幹部は「わかりました」と答えて、その若手を積極的に登用するようになるというようなメカニズムが働いているわけです。だからマスコミと官僚を抱き込むときに、お金は必要ありません。

木村　政治家には選挙があるから、別の方法があるのでしょうね。

3 権力とマスコミの関係

●心理的に追い込んでスパイにする

木村 日本の官房機密費が、新聞記者に渡っているということはありませんか?

孫崎 たとえば、木村さんが新聞記者だったとしましょう。幾らもらったらスパイになって周囲や会社、または国を裏切りますか?

木村 急に言われても思い付きませんが……(笑)。

孫崎 やっぱり何千万円になると思うんですね。もしくはマンション一戸程度では割が合わないと思うかもしれない。まさか五〇万円とか一〇〇万円程度で人生を売り渡すようなことはしないでしょう。やっぱり何千万円は要求しますよね。だけどスパイ一人ひとりに、いちいち何千万円も用意できる余裕は、官房機密費にはありません。

木村 たしかに一〇〇〇万円程度だとなめられたと思うでしょうね。だけど、若い記者がネクタイをもらったとかワイシャツをもらったとか、仕立券をもらったという話を聞いたことがありますよ。この程度だと、受け取る若い記者も「まあいいか」となって慣習みたいなものがあるらしいです。

孫崎 それは踏み絵なんでしょうね。受け取った人のリスト、拒否した人のリストがつくられて、拒否した人間は排除されます。
「認知的不協和」という社会心理学用語があります。たとえば、「たばこは害である」という知識があります。一方で「たばこを吸いたい」という喫煙者の欲求があります。この喫煙者は「たばこを吸いたい」と「たばこは害である」という二つの状況を両立できません。これが認知的不協和です。そこでこの喫煙者は、「たばこを吸わなくても交通事故で死亡する人はいっぱいいる。だから吸ってもかまわない」と理由をつけてストレス状況から逃げようとします。つまり、矛盾に直面したとき、その矛盾のストレスを解消するために、現実を無理やり操作する心理が生じるわけです。

木村　イソップ物語の『すっぱい葡萄』を思い出しました。

孫崎　アメリカはベトナム戦争のときにこの認知的不協和を使って、相手国の人間をとり込んでいたそうです。まず対象者に些細な物をあげます。大金ではなくて些細な物です。些細な物なので対象者は受け取ってしまいます。ところが些細な物でも、「ＣＩＡからもらってしまった」という罪悪感からストレスがかかります。このストレスから解放されたいがために、「自分一人が寝返っても体制に影響はない」というように、自分に都合の良い理屈をつくる。それがだんだんエスカレートして、結果的にアメリカにとり込まれてしまうのです。大金は必要ありません。心理的に追い込むだけです。

木村　若い記者にネクタイなどを渡す意味がわかりました。

●排除の構造

木村 どうしてこんなに対米従属が大手を振っているのでしょうか？

孫崎 どういうことにも原因があって結果があるわけですが、簡単に言えば、対米従属に反対した人は排除されるという構造が、日本のいたるところにあるからです。

木村 外務省も同じですか？

孫崎 そうですね。対米従属に忖度するグループがいて、忖度しない者は排除されるというメカニズムが働いています。これは安倍政権の内部でも同じだと思いますよ。

排除メカニズムでわかりやすいのはマスコミです。たとえば、ＮＨＫの報道番組『クローズアップ現代』で、国谷裕子キャスターが菅義偉官房長官に集団的自衛権の問題点を質問しました。ところがこの質問が官邸の意に沿わなかったために、彼女は降板させられたという噂があります。国谷さんにかぎらず、突然降板した人のなかには、おかしいと思えるケースが少なくありません。

マスコミの場合、降板させられるとか、実際に人がいなくなるので排除されたというのはわかりやすいわけですが、行政機関の場合は、官僚でも課長クラスになると、次に地方の部長などに就くので、だれが通常の人事で地方に行って、だれが排除されたかというのはわかりづらいものがあります。まして上も、わからないように異動させるので。

●対米自立が発言力をもつ時代があった

木村　それにしてもマスコミの対米従属忖度、安倍政権忖度には呆れるものがあります。

孫崎　対米従属で固めていくという構造がマスコミにはあります。だから、対米自立の記事があふれるような状況は望めません。どうして対米従属で固めることができるのかと言うと、たとえばある新聞記者がワシントン勤務になる。アメリカを知るためにはワシントン勤務が非常に重要です。そこに至るまでには、いろいろなフィルターを通過しなければなりません。そのフィルターを通過した人間だけが、ワシントン勤務というエリートへの切符を手にできるわけです。しかし、対米自立ではフィルターは通過できません。だから新聞社の主要なポストで、対米自立を主張するような人は存在しないわけです。

だけど、毎日新聞社でワシントン支局長などを務めてベトナムの書籍を出した大森実さんは、対米自立と言ってもいいかもしれませんね。

木村　大森さんは毎日新聞社を昭和四一年に退社していますね。そこまでさかのぼらないと、対米自立を主張するマスコミはいないんですか？

孫崎　要するに時代背景です。大森さんが毎日新聞社のなかで発言力を得たのは、ベトナム戦争の取材などで功績を挙げたからです。現在はアメリカを外した活動で評価を得て、発言力をもつというケースはとても稀です。ベトナム戦争が注目された時代だからこそできた話です。

木村　朝日新聞社の記者だった本多勝一さんはどうですか？

孫崎　本多さんは『カナダエスキモー』などの辺境の探検をルポルタージュした書籍が評価を得て、その土台があったからベトナム戦争やアメリカを批判するものが書けたのでしょうね。当時はベトナム戦争を反対する読者層が厚かったので、対米が売れて出世できる時代だったわけです。

木村　本多さんの書籍には共感するものが結構ありますよ。『アメリカ合州国』などは……。

孫崎　私が外務省に入省したのが昭和四一年で、英語のクラスは一二人でした。そのなかで「ベトナム戦争は反対だ」と言ったのが一〇人いました。アメリカ人の英語教師が「ここは外務省なのに、これは一体何なんだ」と怒ったほど、日本全体がベトナム戦争に反対していて、外務省でも新聞社でも、ベトナム戦争への反対を表明しても平気だったわけです。

木村　現在とはかなり違いますね。

孫崎　イラク戦争のときには、日本の中東学者の七割から八割が戦争に反対しましたが、その人たちはみんな学会から消えてしまいました。こういうこと一つとっても、あきらかにベトナム戦争の頃とは違います。

4　安倍政権克服の条件

●自由国民党の理想実現と安倍政権

木村　平成三〇年から自由国民党（小林興起代表）が活動を始めました。この党には私も関わっていますが、孫崎さんは現在の政治状況をどう見ていますか？

孫崎　まず、安倍政権があまりにもひどい。安倍政権がやっていることは、ナチス的と言っても過言ではないと思っています。自由、民主主義などを根底からくつがえす勢力です。この勢力を倒すことが非常に重要で、野党としては、今は自分たちの主張を明確にするタイミングではありません。何がいちばん重要なのかを考えると、大同団結することです。

9・11以降、もしくはイラク戦争以降、アメリカが日本に希望することは、自衛隊を海外に出すことです。ところが自衛隊の海外派遣は、日本の国益になりません。民主主義国家で国益に合わないことをやろうとすると、世論の反対があって実行できません。そこで、今なら数の論理で押し通せると安倍政権は考えて、対米従属をさらに押し進めようとしているのだろうと思います。

木村　安倍政権はどこまで適正手続を壊そうとしているのでしょう？

孫崎　安倍首相の考えはわかりませんが、周りに集まっている人たちも壊そうと思っている人ばかりなので、今でもかなり壊されていますが、とても危険なところまで行くのではないでしょうか。

木村　自由国民党も私も、とても危険なものを感じています。オスプレイ配備など目に見える動きがあるので、今がいちばん踏ん張りどきだと考えています。

孫崎　一つには自由国民党の理想実現があります。一方で、安倍政権の打倒があります。どちらのほうが日本に必要かと考えると、私は安倍政権の打倒が必要だと思っています。大義のためにどう連合していくか。野党はここを課題に考えていくべきです。

●フロントレクチャリズムで連帯を

木村　翁長雄志知事が亡くなられて、平成三〇年九月三〇日に沖縄県知事選挙が行なわれます。九月中旬には、自由国民党の小林興起代表などとともに、私も玉城デニー候補の応援で沖縄に入ります。

応援のポイントは辺野古新基地の反対です。自由国民党の政策は大きく分けて、対米自立、日米地位協定の改定、日ロ平和条約の締結、日朝国交正常化の促進、そして日米経済調和対話の反対です。これで自由国民党は活動していきます。

孫崎　基本的に安倍政権に対峙する政策ですね。私も自由国民党の政策には賛成です。問題は自由国民党が、どれだけの勢力になるのかということです。安倍政権に対抗していく勢力になれるかどうか。恐縮ですが、いまの自由国民党では安倍政権は倒せないだろうと思います。私の重要なテーマは「安倍政権を倒す」なので、そこから願うならば、「倒すために何ができるのか」を自由国民党に考えてもらいたいと思いますね。

木村 まさにそのとおりです。安倍政権を倒すためには連合が必要です。今後三年間、安倍政権が続くわけですが、その中でポイントがいくつかあります。九月二〇日に自民党の安倍総裁が決まって、三〇日には沖縄県知事が決まります。そして二〇一九年には、統一地方選挙と参議院選挙があります。

ですから、安倍政権を倒すことを考えると、統一地方選挙と参議院選挙までに、どれだけ安倍政権の対米従属を国民に知ってもらって、このまま行くと従米改憲が達成され、日本が崩壊することを国民に理解してもらえるか。ここにかかっていると思います。とくに重要なのが、沖縄県知事選挙と参議院選挙ですね。

孫崎 たしかに、今回の沖縄県知事選挙と来年の参議院選挙は大切です。

木村 自由国民党については、確かにまだまだ勢力が小さく、結果はどうなるかわかりません。ただ、対米自立という、戦後日本の最重要課題でありながら、今までどの政党も第一に掲げてこなかった主張を明確に打ち出している点で先見性があります。そういった政党が選挙でたたかうことの意義は大きいと思っています。そして今後の争点は、やっぱり対米自立だと思います。いろいろな戦術がありますが、やはり安倍政権のダメさ加減をどれだけ国民に伝えることができるかですね。

私の造語ですが、「フロントレクチャリズム」という言葉があります。「どういう相手にも一生懸命説明する」というフロントレクチャリズムを貫けるかどうか。連帯はフロントレクチャリズムにかかっていると思っています。

孫崎　なるほど、いい言葉ですね。

木村　フロントレクチャリズムで、できるだけ多くの政治家や知事などと対話をもって、安倍政権のダメさ加減を理解してもらって、声を挙げてもらう。声を挙げてくれる人は対話した一〇〇パーセントでなくても、五〇パーセントほどでも御の字でしょう。

平成三〇年八月に、全国知事会が日米地位協定の抜本的な見直しを、日米両政府に提言しました。全国知事会長の上田清司埼玉県知事は、翁長知事の誠が通じ、日米地位協定の改定の勉強会を二年間やったそうです。これも一種のフロントレクチャリズムで、声を挙げることとなった。全国知事会の提言には、こうした諸々の熱意が後押ししていると思います。

●二〇一九年参院選をどう読むか?

木村　本書が出るときには沖縄県知事選挙の結果は出ていますが、とても重要な選挙です。

孫崎　大雑把にいえば、自民党と公明党が全体の約五〇パーセントの票を持っています。そして野党が三〇パーセント、浮動票が二〇パーセントという割合です。

基地問題がクローズアップされないときは自公が有利です。ところが基地問題がとり上げられると、浮動票が動いて、さらに自民党の票も割れます。もちろんこの構造は自公もわかっていて、ここ一年半ほど、基地を選挙テーマにしないという戦術をとって成功しています。たとえば、名護市議会議員選挙では、給食の無償化というような問題を前面に出すことで、基地問題の扱いを下げています。

今回の沖縄県知事選挙は、翁長雄志さんの弔い合戦という意味合いがあります。翁長さんの大きなテーマは辺野古新基地の反対で、政府とぶつかりました。当然、今回の県知事選は基地問題が争点になって、玉城デニーさんに追い風が吹いているわけです。

木村 逆に玉城さんが負けると大変です。では、参議院議員選挙はどう考えていますか?

孫崎 平成二八年に行なわれた前回と同じような投票が組まれると、自公は一〇議席ぐらい増えると思います。そうすると三分の二を与党が占めることになります。

木村 三分の二を与党が占めるというのは非常事態ですね。

孫崎 自民党としては、参議院議員選挙に向けて野党を共闘させない戦術に全力を注ぐでしょう。ここでカギを握るのが国民民主党です。国民民主党は共産党と連携しないという方針を立てて、これに連合のかなりの部分が応援するという動きがあります。自公としては、この勢力をいかに分裂させるかということになります。

木村 逆に言うと、野党がやらなければならないのは、どう一本化できるか。ここが争点になります。

孫崎　そう思います。

●権力をチェックしない野党

木村　国民民主党の玉木雄一郎代表には第二自民党の志向があるので、このままでは国民民主党は第二自民党になっていくと私は考えています。

孫崎　そうなるでしょうね。たとえば、権力の中枢にいることを人生の優先順位に置く人がいます。権力の暴走を止める生き方を優先順位に置く人もいます。政治家にはこの二つのタイプがいるわけです。私も官僚だったわけですが、官僚は権力の中枢に向かおうとする体質をもっています。

木村　たしかに玉木代表は大蔵省と財務省の官僚でした。

孫崎　民主党ができたときに集まってきた人のなかには元官僚がいて、ここが民主党の脆弱さになりましたね。

木村　野党にきた人たちが権力をチェックする志をもっていなかった。政治家としてどう生きるかは、さまざまなスタイルがあると思いますが、権力の中枢に行く手段の一つとしての野党への移動ということですね。

孫崎　権力はどこかで必ず腐敗します。政治に関わる人間の生き方を考えたときに、権力の腐敗をチェックする役目をもっていなければなりません。これは私が考える政治家の理想像みたいなものですが。

木村　国民民主党や立憲民主党の議員たちも、そのことはよく分かっているでしょう。「何をなすべきか」ぐらいは。野党がいがみ合っていては安倍政権の思う壺ですからね。

孫崎　安全保障の問題では連帯できなくても、森友学園問題、加計学園問題、公文書改ざん問題というところなら連帯できるので、こういう問題からうまくつながっていけばいいと思います。

木村　そういうわかりやすい問題から、安倍政権打倒という最重要課題につなげていく。これは決してできないことではありません。

5　日米関係に米軍基地は必要ない

●外交・安全保障は国民生活と直結している

孫崎　わかりやすいということでいえば、中学生ぐらいに照準を合わせた日本外交の説明方法を考えているところです。

日米地位協定を例にすると、日本政府は米軍経費を年間七八〇〇億円ほど払っています。韓国は約一〇〇〇億円で、ドイツは約一八〇〇億円です。日本の七八〇〇億円が高いか安いかを考えるときに、北朝鮮や尖閣諸島の安全保障から考察しようとすると、問題が複雑すぎます。

ところが国公立大学の無償化に必要な予算は五〇〇〇億円で、小中学校の給食費の無償化も五〇〇〇億円でできる。ここを安全保障の入り口にするとイメージしやすいわけです。「いま、あなたたちは日本の外交は自分たちとは無縁だと思っているけど、正しい判断をしたら国公立大学の無償化、あるいは給食の無償化ができるのです」と説明すれば、子どもだけでなくて保護者にもスッと入っていきますよね。自分たちの生活と安全保障は無縁ではない。こういう感覚をもってもらえたらと。

木村　横田基地にオスプレイが配備されましたが、「自分たちの生活」ということで言えば、オスプレイのこれまでの事故や横田空域の存在を広めて、自分たちの生活がおびやかされていることを発信していくことが大事ですね。実際にオスプレイの墜落で日本国民が亡くなる可能性があるわけです。これは身近に存在する危険なのに、一機約一〇三億円もするオスプレイを税金で買う必要があるんですか。このような事実を至るところで訴えていく。私たちの役目だと思っています。

孫崎　どうしてオスプレイは横田基地に配備され、千葉県の木更津駐屯地を定期整備の拠点にするのかということを考えると、本土に基地をもちたい米軍というものが見えてきます。

木村　横田基地にオスプレイを配備したのは、北朝鮮をにらんでのことですよね。

孫崎　いや、海兵隊の基地を本土にもちたいということだと思います。たとえばアフガニスタンにおける戦闘を考えたとき、地形が重要になります。沖縄にはアフガニスタンのような大きな山や山脈がないので、本土の山岳地帯で訓練したい。ですから、本土に海兵隊をもってきて訓練することが非常に望ましいわけです。オスプレイを運用する沖縄の海兵隊は、何も朝鮮半島対策でいるわけではありません。アフガニスタン、イラク、シリアなどを監視するためにいるわけです。

木村　沖縄県に基地を集中させたいわけではない？

孫崎　そういうことです。だけど一九五〇年代に内灘事件や砂川事件を代表とする在日米軍基地の反対闘争が起こって、当時はとても本土に基地はもてないと判断したのでしょう。

木村　反対闘争のしわ寄せが、アメリカの施政権下で立場の弱い沖縄にいったわけですね。

孫崎　ところが近年、本土における基地反対の声が弱くなってきました。だから大丈夫だろうということで、オスプレイの配備などが行なわれているわけです。戦わない国民は食い潰されるということです。

●イタリア、ドイツと日本の米軍基地の違い

木村　私は、横田基地にオスプレイが配備されたことは一つの起爆剤になると思っています。あえて誤解を招くようなことを言うと、横田基地のオスプレイが墜落なり事故を起こしたら大騒動になる。たとえば、平成三〇年二月に米軍三沢基地のＦ16戦闘機が、青森県の小川原湖に

燃料タンク二本を投棄する事故が起きました。この事故で全面禁漁に追い込まれた小川原湖漁業協同組合は、九三二三万円の損害賠償を日米両国に求めます。

残念なことに、こういう事件や事故が起きなければ、在日米軍の問題は注目されないわけです。横田基地のオスプレイに注目を集めれば、国民の問題意識がいやが上にも高まります。

孫崎　本土の国民に「もう一度戦え」と言っても、そう簡単に立ち上がるものではありません。だからせめて、戦っている沖縄の人たちを応援することが大切です。沖縄県に基地を維持するのは厳しいと米軍に思わせることで、在日米軍基地の維持そのものを考えるようになる。そういう流れをつくることができれば理想的です。

木村　残念なことに、沖縄も今はそこまで盛り上がっていません。とにかく、在日米軍基地を置いておくことが日米関係の正常なかたちだなどという間違った認識を、日本人は捨てなければならない。

孫崎　イタリアとドイツにおける米軍基地を見てみましょう。一応イタリアは最後は戦勝国なので、米軍基地の受け入れに対して米国と対等です。米軍といえどもイタリア政府の言うことを聞いて実行しています。はっきりものを言うイタリア人というのはすごいと思いますね。

木村　ドイツは日本と同じ敗戦国ですね。

孫崎　ところがそのドイツも、返還したときの地元の利益と米軍基地の価値とを比較して考えています。返還したときの利益が大きいときには返還する、という主体的な判断をもっているわけです。ドイツ国民のなかには、返還要求をしたらドイツとアメリカの関係がおかしくなるという議論はほとんどありません。

日本だけがいまだに占領体制を続けていて、日本国民が自らアメリカに都合の良いロジックをつくり出して、さらにそれを日本国民に宣伝しているわけです。

木村　あるときから日米関係が日米同盟になってしまいました。今では何の躊躇もなく安倍首相は日米同盟という言葉を使い、国民も何の疑問ももっていません。

6　アジア諸国と日本の向き合い方

●アジア合同慰霊祭は可能か？

木村　私はアジア合同慰霊祭の実現を目指しています。現在、アジア諸国ではそれぞれが独自に慰霊と鎮魂を行なっていますが、国ごとに行なうと、どうしても正当性とナショナリズムが介在します。そこを乗り越えて、慰霊と戦争根絶の教訓として、持ち回りにして各国で合同慰霊祭を実施したら、和解のきっかけになるのではないかと考えています。

このアジア合同慰霊祭は、戦後五〇年のときにも提案しました。私の提案が影響を与えたとは思いませんが、偶然この年から日米合同の慰霊式が硫黄島で営まれるようになって、平成三〇年八月で一九回目を迎えました。日米の遺族や退役軍人、政府関係者などが二三〇人ほど参加していいます。

孫崎　私も何の反対もありません。ただ、アジア全体で鎮魂といったとき、日本人には違和感はありませんが……。

木村　相手側にはあるということですね。

孫崎　相手側にはあるでしょうね。先の戦争で、中国ではかなりの人が亡くなったわけです。あるいはフィリピンでもかなりの人が亡くなっています。日本人によって亡くなったわけですよね。

鎮魂というとき、日本人のなかに中国人に殺されたというイメージは、ほとんどありません。我々が鎮魂というときは、一つの目的のために亡くなったその魂を大切にしましょうというものです。「殺したやつはだれだ？　悪いやつはだれだ？」という意識はありません。ところが相手側には、いまでも「悪いやつは日本軍だ」という意識があります。

木村　そういう相手国の気持ちを汲んで、鳩山元首相はソウル市内の西大門刑務所の跡地でひざまずいて謝罪し、それを韓国人は高く評価しました。

鳩山元首相の行為に対して、マスコミは「土下座外交」と書き立て、また人格攻撃をしましたが、あれは土下座ではありません。地べたにそのままやるのが土下座で、鳩山元首相はきちんと布を敷いて靴を脱いでお参りをしたわけですから。とにかく行動を起こすことが重要で、そうすれば相手国も理解を示してくれるはずです。

孫崎　たしかにその考え方は間違っていません。一方でたとえばドイツは、「ナチスは過ちを犯した。申し訳ない」という前提で平和外交を行なって、いつの間にか欧州の盟主になりました。ところが現在のドイツには、「過去にやったことは何も悪くない。謝罪はおかしい」という動きがあって、これを主張する勢力が力を得ているわけです。

木村　「ドイツのための選択肢」という政党が、そういうスタンスをとっていますね。

孫崎　現在、世界中が「我が国がもっとも優れている。我が国がしたことは悪くなかった」「我が国の利益が最優先だ」という方向に向かっています。そういうなかで日本の国民に、「鳩山さんのように謝罪の精神でいきましょう」と説いても、いまの日本では受け入れないでしょう。

木村　ナチスという一点で、ドイツのナショナリズムや利益まで横に置こうとする言動が、ドイツ人のプライドを傷つけることになっています。この点を忘れてはいけません。

また、フランスではＥＵに支配されているという不満があります。EU憲法に縛られていて移民の割り当てなどが決定する現実に、疑問をもっている国民は少なくありません。

●アジア集団安全保障は可能か?

木村　私はアジア集団安全保障の実現も考えています。すぐにはムリですが、日本が抱えている中国や韓国、北朝鮮、ロシアとの外交問題を粘り強く解決していけば理想ですが、これを追い求めたいですね。

孫崎　たとえば、第二次世界大戦で戦ったドイツとフランスの間には、今は戦争するという気持ちはまったくありません。それはなぜかというと、戦争の源になる石炭や鉄などをヨーロッパで共同管理するようになったからです。協力は憎しみよりも利益になることを実践することで、平和をつくったわけです。

木村　その試みはアジアにも当てはまりますね。

孫崎　私もそう思います。戦争しないことの利益は日本にもあるし、北朝鮮と韓国にも中国にもあります。だけどヨーロッパのようにいかない事情があります。それはアメリカです。

アメリカは、我々が戦争したほうが利益になると考えています。アメリカから見れば極東は遠い地域です。日本が隣国と戦争をしても、遠いアメリカは被害を受けないので、極東で戦争が起こって武器を買ってくれたほうが、利益になると考えているわけです。

つまり、協力によって利益をつくるという考え方は、その地域だけのものなのです。ヨーロッパはアメリカ抜きでEUをつくりました。同じような組織をアジアでもつくろうとする構想が、東アジア共同体です。だけどアメリカはこれを許さないとしています。

木村　東アジア共同体は、鳩山由紀夫さんがつぶされた原因の一つですね。

孫崎　アメリカ政府の高官を務めた国際政治学者のジョセフ・ナイが、民主党幹部との会談で「アジアだけでやることは許されない」というような発言をして釘を刺しましたね。

結局、少なくとも現段階において、アメリカの軍事関係者は東アジアに平和は必要ないと考えています。だから、東アジアに平和をもたらそうとするグループはアメリカと対峙することになって、逆にアメリカと対峙しないグループは力をもつという構造があるわけです。

木村　米国が「アジアに平和は要らない」と言っているなら、アジア諸国はいがみ合っている場合ではありません。対米で一致団結すべきで、なおさらアジア集団安全保障は不可欠になると思います。

●日本と韓国の壁は取り払えるのか？

孫崎　いまの日本の政治家が、木村さんがおっしゃるような構想を中国と韓国に働きかけて、その結果、両国の国民から理解を得るという可能性は極めて低いと私は考えています。

木村　中国と韓国の国民が納得する選択肢はない、ということですか？

孫崎　残念ですが、「ない」と言わざるを得ないほど、日本人の感覚と隔たりがあると思っています。これは聞いた話ですが、香港出身のある女性が日本で暮らしていて、日本の男性と結婚しました。その女性が香港に帰ったところ、何人かの友だちから「日本と戦争になったら、子どもはどちらについて戦うんだ？」という質問を受けたというのです。日本人にはない感覚の質問ですよね。

木村　たしかに「どちらの国籍にするの？」という質問は出ても、「日本と戦争になったら」というところまで、ほとんどの日本人は考えがおよびませんね。

孫崎　また、私はこういう経験もしています。ある大学に行って、アジア諸国の国民意識という内容で講演をしました。話の内容には戦争は一切出てきません。講演が終わって質問を受けていると、一人の女子学生が「私の祖父は京城府で日本兵にひどい目に遭わされて、家族全員で上海市に逃げました。これが我が家の歴史です。この歴史を私は絶対に忘れません。日本では東アジア共同体に賛成する人がたくさんいますが、私は反対です」と意見を述べるのです。

　中国人や韓国人のそういう意思や感情を直接受け止めると、日本が戦争でやったことに対する根深さは、外交的な手段で消えるというレベルではないと感じます。

木村　二つの例は特殊なものではなくて、象徴的なものであることはわかりますが……。

孫崎　もう少し付け加えましょう。一九八〇年代の中頃ですが、私は外務省の情報調査局で分析課長を務めていました。その当時、韓国のスパイ組織のＫＣＩＡと付き合いがありました。

彼は陶芸が好きだったこともあって、あるとき私が「日本の陶芸はすばらしい」と言ったら、「日本人が日本の陶芸をほめても、韓国人は何もいいません。ただし、日本の政治をほめると袋だたきに遭うので気をつけてください」と諭されました。

木村　だけどそれは三〇年以上も前の話で、今とでは違うと思いますよ。

孫崎　たしかに当時といまとではかなり雰囲気は変わっています。とくに駐日韓国大使館に勤めている韓国人は、東アジアの雰囲気を良くしようと思っている人たちが集まっています。昔は仲良くしたいということさえも言えませんでしたが、今はものが言える時代になってきました。しかし現在でも一般の韓国人たちはどうなのか疑問です。

木村　私は五年ほど前、駐日韓国大使館が開催したシンポジウムに出席したのですが、日本の大学教授が基調報告した内容に、日本の政治をほめるくだりがあったわけです。あとで聞いたところ、たしかに昔だったら客席から、「おまえ、何を言ってるんだ！　この野郎！」と罵声が飛んできたと。ところがまったくそのようなことはなくて、若い韓国人たちと楽しく議論することができました。

平成一四年に開催された日韓ワールドカップが一つの契機になっているようです。韓国の若い世代が自信をもてるようになったということです。若者の意識調査のデータも見せてもらいましたが、「変化しているんだな」と驚いたことを憶えています。

まだまだお互いに、人種差別的な言動は見られますが、文化的なものや観光を通じて、かなり変わってきています。だから今後の交流次第で、壁はどんどん取り払われていくと思っています。

●主義で発言し、信条で生きる

孫崎　私は今でも日本と韓国のあいだには難しい現状があって、政治的な何らかの行動で、政治的な反発を消せる時代ではないと思っています。たとえ文化的な部分で交流できても、少しでも安全保障が顔を見せると、急に昔の問題が絡んで硬直してしまいます。

木村　昔の問題を乗り越えることはムリですか？

孫崎　安全保障と関係のない部分で、どれだけの関係を構築できるかということでしょうね。やはり、いちばんいいのは経済です。昔を呼び起こさないように経済的な結びつきを強固にする。昔を呼び起こさない協力が両国に絶対必要です。

木村　小泉元首相は、首相在職中に靖国神社に六回も参拝して昔を呼び起こしました。しかし引退後は一回しか参拝しないという体たらくです。要するに、票集めでこういうことをやっているかぎり、アジア集団安全保障にはたどり着かないということですね。

孫崎　そういうことだと思います。

木村　ところで、平成三〇年の自民党総裁選で、安倍首相は拉致問題の解決を掲げました。拉致問題を政治利用して再び首相の座に就いたところまではよかったとしても、これから三年間、茨の道に入るわけです。

孫崎　いや、あの人にとって、過去に発言したことは何の意味ももたないので、茨の道にはならないでしょう。安倍首相はその時々で、自分にもっとも利益のあることを発言する人間です。だから、その発言を実行しなくても途中から変わっても、全然関係ないわけです。だから昔と違うことを言っても良心がとがめない。そういう人間です。

木村　それは同意します（笑）。では、拉致問題は解決しないということですか？

孫崎　主義で発言しているわけではないので、残念ですが解決できないでしょうね。

木村　孫崎さんも私も、主義で発言している。主義がない発言は意味をもちません。

孫崎　主義で発言するから、「孫崎さん、一〇年前に言ったことと矛盾しますよ」などと指摘されるとガクッときてしまう。それであわてて、「いやいや、それは政治的局面が変わったから」などと弁解を始めるわけです（笑）。

木村　私も同じです（笑）。だけど国民や自民党の議員は、安倍首相のポリシーのない発言をわかっているのでしょう。少なくとも「建国記念の日の政府主催奉祝を実現する」と言っておきながら簡単に反古にしましたからね。

孫崎　少なくとも議員はわかっているでしょうね。

木村　ではどうして自民党の議員は、「いままでの発言と違う」と追及すればいいですけど……。支持者たちだって誤解するでしょう。

孫崎　日本人の弱点は、ほかの人のつくったレールから外れたがらないところです。みんなと違う路線を進むことを極端に怖がります。
木村　長いものに巻かれていれば安心という感覚ですね。
孫崎　木村さんは一水会に参加して、いろいろあって自分で道を拓いて現在に至っているわけですよね。
木村　そう思ってやってきました。
孫崎　だけど木村さんみたいな人は、そうそういるものではありません。自分で道を切り拓くということは、レールから離れることを意味するわけです。レールから離れたときの将来がどのように展開するのか。「レールに乗っているときよりも安心です」と言える人はいません。
木村　こっちは、どちらかと言えば、「社会のレール」からはみ出てしまっていますからね（笑）。だれでも、「寄らば大樹の陰」というのは理解できますよ。
孫崎　だから結局、安倍首相の発言が行き当たりばったりだとしても、自民党の議員は「私も同じ意見です」となるわけです。たとえ行き過ぎた対米従属でも、その議員は信条で生きているわけではないから、別にかまわない。信条で生きている人は、木村さん、世の中にほんのわずかですよ（笑）。

木村　そうですね（笑）。ご教示ありがとうございました。

（平成三〇年九月一一日、東京・高田馬場にて）

あとがき

今から四八年前、三島由紀夫氏は自衛隊市ヶ谷駐屯地にて檄文を撒布し、自衛隊に決起をうながした後、自決しました。檄文で三島氏は戦後日本に、「経済的繁栄にうつつを抜かし、国の大本を忘れ、国民精神を失い、本を正さずして末に走り、その場しのぎと偽善に陥り、自ら魂の空白状態へ落ち込んでゆく」姿を見たと記しました。

四一年前の経団連襲撃事件では、野村秋介氏らが檄文を発し、同じく戦後日本について、米国を中軸とした戦勝国に弱体化されたとしたうえで、「物質的に豊かになったと言う美辞に弄されているのは錯覚である」と記しました。

その後長い時間が経ちましたが、我が国の政治・社会状況は果たして変化したでしょうか。私が本書で訴えてきたように、対米従属構造は解消するどころかますます強化され、とりわけ小泉政権におけるイラク戦争での米国追従以降、日本は自発的に米国に従うようにすらなっています。この矛盾と欺瞞を一切直視することのないまま、戦後初の憲法改正が現実味を帯びてきている現状を変えるため、私はこの本を書きました。

まずは日米地位協定を抜本的に見直し、日米安保体制をリセットすること。つまり、対米従属から脱し、対米自立を果たすこと。その先にしか、我が国の未来はありません。


対米自立の前に立ちはだかる壁は、相当に高く厚いものです。それは戦後七十数年にわたって構造的につくられてきたものだけあって、そう簡単に打ち壊すことはできないでしょう。この壁に守られて利権に与ってきた人たちもいますし、何より対米従属によって成功体験を重ねてきたのが自民党です。自民党は国民にそれなりの豊かさを与え、国民もそこに安住している現状を鑑みるに、対米自立を成し遂げることの困難さを感じざるを得ません。

しかし、日本国民が享受している安心感、豊かさ、平和――そういったものはすべて、自分たちで勝ち取ってきたものではありません。あえて極論すれば、与えられた奴隷の平和にすぎないのです。しかもそれは、三〇年近く前に終結した冷戦構造の残滓であり、今では米国による日本支配の口実として利用されています。いつの頃からか、日米関係は「日米同盟」と言葉を変え、この支配構造から目をそらせるようになっています。

まずは日米の間に厳然と存在する支配構造に気付くこと。そして、歪みを一つひとつ糺していくために、おかしいことはおかしいと声を挙げ、行動していくこと。そのためには、ナショナリズムの復権がなくてはなりません。どんな立場であれ、健全なナショナリズムを基調として我が国の未来を想起することが必要なのです。
私は、「生涯一ナショナリスト」として、戦後体制の本質的打破に奮闘していきます。憂国の志のもとに節義を全うした先人に続き、決して悲嘆することなく、粘り強く、対米自立への一筋の道を歩んでいく覚悟です。
そして、この本を読まれた皆さんも、それぞれの立場で対米自立という目標に向かってできることから行動を開始する――本書が、そんな結集のきっかけになることを願います。

私の活動テーマは多岐にわたるのですが、今回は「対米自立」一本に絞り、それに付随する内容でまとめました。本書の制作にあたりご協力いただいた、椎野礼仁氏、須田諭一氏に感謝申し上げます。また、出版をお引き受けくださった花伝社の平田勝社長、編集を担当された佐藤恭介氏にも感謝の意を表します。そして対談のお相手をご快諾くださり、大変示唆に富んだお話をいただいた孫崎享氏に、厚く御礼申し上げます。

平成三〇年一〇月　木村三浩

木村三浩（きむら・みつひろ）
1956年東京生まれ。慶應義塾大学法学部卒業。統一戦線義勇軍議長、一水会書記長を経て、2000年より一水会代表。月刊『レコンキスタ』発行人。一般社団法人世界愛国者交流協会代表理事。

対米自立

2018年11月25日　初版第1刷発行

著者 ——木村三浩
発行者 —平田　勝
発行 ——花伝社
発売 ——共栄書房
〒101-0065　東京都千代田区西神田2-5-11出版輸送ビル2F
電話　03-3263-3813
FAX　03-3239-8272
E-mail　info@kadensha.net
URL　http://www.kadensha.net
振替 ——00140-6-59661
装幀 ——三田村邦亮
印刷・製本—中央精版印刷株式会社

ISBN978-4-7634-0868-6 C0031